A tous les Electeurs de 1893

LES

GRANDES ÉLECTIONS DE 1893

ET LE

PANAMO-BOULANGISME ACTUEL

— Elections municipales de Paris, 4 mai 1893.
— Elections de la Chambre, septembre 1893.
— Elections du quart renouvelable du Sénat (Janvier 1894).
— Election du Président de la République, décembre 1894.

UN FRANC

PARIS
E. DENTU, ÉDITEUR
LIBRAIRE DE LA SOCIÉTÉ DES GENS DE LETTRES
3, PLACE DE VALOIS, PALAIS-ROYAL
1893

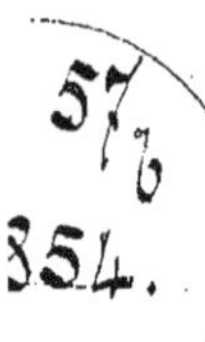

LES GRANDES ÉLECTIONS
DE 1893

ET LE

PANAMO-BOULANGISME
ACTUEL

DU MÊME AUTEUR

Histoire synoptique du Coup d'Etat en France. La Recette uniforme. 18 Brumaire. 2 Décembre. 16 Mai 1877. Le général Boulanger. 1 fr. Paris, Dentu, 1888, 4e édition.

Dix-Neuf ans de République. 1 fr. Paris, Dentu, 1889.

Dix-neuf ans du Conseil Municipal élu de la Ville de Paris, 1 fr. Paris, Dentu, 1890.

Neuf ans de Sénatoriat du tiers renouvelable du Sénat. 1882-1891, 1 fr. Paris, Dentu, 1890.

IMP. NOIZETTE, 8, RUE CAMPAGNE-PREMIÈRE, PARIS.

Dr CHASSAGNE

LES GRANDES ÉLECTIONS DE 1893 ET LE PANAMO-BOULANGISME ACTUEL

— Elections municipales de Paris, 4 mai 1893.
— Elections de la Chambre, septembre 1893.
— Elections du quart renouvelable du Sénat (Janvier 1894).
— Election du Président de la République, décembre 1894.

PARIS
E. DENTU, ÉDITEUR
LIBRAIRE DE LA SOCIÉTÉ DES GENS DE LETTRES
3, PLACE DE VALOIS, PALAIS-ROYAL

1893

I

LES ORIGINES ET LES HOMMES DU PANAMISTHME ACTUEL

CHAPITRE PREMIER

L'Age d'Argent sous la 3e République

Les Républiques finissent par le luxe
les monarchies par la pauvreté.
(*Esprit des Lois,* chap. IV.)

L'âge d'argent est mortel aux Républiques.

Pour elles gouvernement d'opinion basé sur la liberté d'une presse qui écrit tout, la liberté de réunion qui dit tout, le suffrage universel qui peut tout, il y a obligation de simplicité, de probité.

Comme l'écrivait Jean Bodin il y a trois siècles : « Le vrai caractère du peuple est d'avoir pleine liberté. Que tous soient égaux en droit, sans faire état ni estime de la richesse ou de la noblesse (1). »

Les Républiques grecques, ces aïeules, finirent

1. *Les six livres de la République de Jean Bodin,* Angevin, à Paris, chez Jacques du Puy, libraire juré à la Samaritaine, 1578, livre II, état populaire.

par l'argent et la décadence de l'honnêteté publique. Polybe le constate : « de son temps les serments ne pouvaient donner de la confiance en un Grec, tandis qu'un Romain s'en trouvait pour ainsi dire enchaîné. » (Livre VI, chap. 56.)

A son tour la République romaine connut cette sénilité : « Quand Sylla voulut rendre à Rome la liberté, elle ne put plus la recevoir, elle n'avait qu'un faible reste de vertu et comme elle en eut toujours moins, au lieu de se réveiller après César, Tibère, Néron, Domitien, elle fut toujours plus esclave, tous les coups portèrent sur les tyrans, aucun sur la tyrannie. » (Montesquieu, *Esprit des Lois*, ch. IV, p. 20 (1).

En France, la *première République* finit en partie par le faste et la vénalité de Barras, les conversions financières d'hommes tels que Fouché, Sieyès et ce Cornet devenu par des dévouements successifs sénateur, comte Cornet, puis pair de France de Cornet (2).

La *deuxième République* déjà atteinte par les 25 *francs par jour* du représentant est morte de représentants qui devaient coûter plus cher : Rouher, Billault, Baroche ; d'officiers comme Espinasse et Saint-Arnaud ; enfin, de l'armée même de Paris dans les mains de laquelle au lieu de ce sou de la solde si grand dans sa pauvreté pour la Patrie, on glissa de l'or.

Aujourd'hui, sous la *troisième République*, après une affaire Caffarel-Wilson qui est le premier trafic

1. Ce qui fit la force du Romain, ce fut la fidélité à la foi jurée, les traditions de vertu civique, de devoir et de dévouement à la patrie. Tout Claudius était réputé fier, tout Scipion belliqueux. Plus tard on vit les libertés publiques tomber par les excès de la spéculation cupide, le mal de l'argent. (Deloume, prof. Faculté de droit Toulouse, *Les manieurs d'argent à Rome*, Paris, 1890, p. 33 et 34.)

2. *Histoire synoptique du Coup d'Etat en France*. Paris, Dentu, 1888, p. 4.

connu, d'un ruban rouge couleur de sang et payé de sang l'honneur même ; après un général défrayé avec sa suite de candidats par les ennemis de la République, voici venir pénibles, d'autres taches d'argent peut-être aussi ineffaçables que celles de Macbeth (1).

Avant d'étudier impartialement les causes, précédents, responsabilités et remèdes sérieux, il nous revient ces paroles de Montesquieu qui semblent prophétiquement écrites :

« Lorsque la vertu cesse, l'ambition entre dans les cœurs qui peuvent la recevoir et l'avarice entre dans tous.

« C'est la frugalité qui passe pour avarice et non le désir d'avoir. »

CHAPITRE II

L'atavisme. — L'Argent politique sous les régimes précédents

La liberté de la presse, et c'est son rôle élevé, a seule permis les premières révélations du Wilsonisme, du Boulangisme, du Panamisme. Nous voulons ignorer si pour quelques-uns les mobiles ont été de morale pure et d'entité vertueuse,

Si l'indignation seule a fait ces vers.

Mais on se demande comment en présence d'une publicité aussi fouilleuse, de cet excavateur dont la cuiller est une plume, des hommes politiques ont pu croire au secret, au mutisme des corrupteurs et

1. « Tout l'océan du grand Neptune suffira-t-il à nettoyer ce sang de ma main. » *Macbeth*, acte , scène VIII.

des intermédiaires, non à ces entrebâillements de vérité, à ces *fuites* des faits avouées en séance par l'interruption d'un député. « Monsieur le Président, mais cela se dit depuis six mois dans les couloirs. » (*Journ. off*. 22 déc. 1892.)

Sous Louis-Philippe, où le journal payait un cautionnement de 100.000 francs, et sous l'Empire de 50.000 francs *en numéraire* avec des précautions accessoires (v. p. 45) il en allait autrement. Sous Louis-Philippe il n'y eut que deux hommes politiques condamnés pour corruption.

Sous l'Empire pas du tout.

1° Sous Louis-Philippe

La découverte en 1847 de l'affaire « des mines de Gouhenans » (Haute-Saône) fut due non à la presse, mais à un procès. Le général Cubières (61 ans) oublieux que les lettres restent, avait écrit : « Il ne « faut pas hésiter sur les moyens et nous créer un « appui dans le sein même du Conseil; ce sujet « n'est pas facile à traiter par correspondance, il « nous faudra suivre une négociation très secrète, « n'oubliez pas, mon cher monsieur, que le gouver- « nement est dans des mains avides et corrompues. « Voici ce qu'on offre de soi-même :

« 1° Stimuler le préfet par l'envoi immédiat et « complet des pièces;

« 2° Faire désigner un rapporteur pour le bien « de la chose;

« 3° Avoir un président à son choix et faire avor- « ter les prétentions adverses. » (Lettre du 14 janvier 1842.)

Comme aujourd'hui, cinq ans après, à la séance du 4 mai 1847 de la Chambre des pairs, M. Teste, ministre des Travaux publics, lui aussi protestait : « Messieurs, je me dois à moi-même comme pair de France, comme ancien ministre du roi, comme magistrat, de devancer tout appel à la tribune. Mon premier devoir est de désavouer nettement énergiquement, je ne dis pas toute participation (ma conscience s'en indignerait), mais la plus légère connaissance de ces pratiques si elles ont eu une réalité. »

Le président répliqua : « Nous devons nous tenir sur une réserve que tout nous commande. »

En effet, en plein procès, en pleines dénégations, le complice Pellapra, ancien receveur général, en fuite écrivit que 94.000 francs escomptés à son nom chez M. Goubie, banquier rue Saint-Georges, avaient été convertis en bons du Trésor au nom de M. T. C'était le chèque d'aujourd'hui avec initiales.

M. Teste. « Il n'y a sur le compte de Pellapra qu'une initiale, il me semble qu'il serait convenable de ne pas combler la lacune et de la laisser combler par l'auteur de la note. (*Bruit divers.*)

Un juge d'instruction commis pour savoir si depuis le 20 février 1843 il avait été pris par Pellapra des bons du Trésor à 6 mois, certifia qu'en fait on avait payé pour Pellapra le 2 mars 1843 94.000 francs touchés six mois après, le 2 septembre 1847 et que dix jours après, le 12 septembre, M. Teste avait versé 94.000 francs qui lui furent également payés six mois après, le 12 mai. » (Supplément du *Siècle*, juillet 1847.)

Le lendemain le coupable avouait :

« Monsieur le Chancelier,

Les incidents de l'audience d'hier ne laissent plus de place à la contradiction en ce qui me concerne et je considère à mon égard comme achevé et définitivement clos le débat en présence des preuves de l'unique faiblesse que j'ai eue dans ma vie et que j'expie si cruellement. » (*Sensation pénible.*)

Victor Hugo témoigne de ce pénible dans les *Choses vues*. (Paris, Hetzel, p. 195 et 196.)

« La séance a été un des plus terribles spectacles auxquels j'aie assisté de ma vie, c'est un écartèlement moral. Ce que nos pères ont vu il y a quatre-vingts ans en place de Grève le jour de l'exécution de Damiens, nous l'avons vu aujourd'hui par l'exécution de M. Teste. D'heure en heure on lui arrachait quelque chose, à midi sa considération de magistrat, à 1 heure sa renommée de ministre intègre, à 2 heures sa conscience d'honnête homme, le respect des autres, le respect de lui-même. Cela a duré six heures. »

2° Sous Napoléon III

L'histoire du second Empire n'eut pas de ces drames. C'est une page blanche. Sans doute les adjudications, publiques sous Louis-Philippe, devinrent de gré à gré les concessions de chemins de fer de courte durée, ligne du Nord 38 ans Creil à Saint-Quentin 24 ans passèrent à 99 ans, avec fusion des 42 compagnies concurrentes existant en 1851 en six grandes compagnies, mais personne ne fut corrompu (1).

La Banque de France qui devait être prorogée en 1867 le fut dix ans plus tôt, en 1857, et pour trente années. Les actions nouvelles émises à 1.100 francs se cotèrent presqu'aussitôt à 3.350 laissant quelque bénéfice à ceux qui reçurent d'en haut assez de lucidité pour prévoir.

Il y eut des krachs, mais assourdis par le tapis du Parquet, les *Petites Voitures*, la *Caisse des Che-*

1. Une ligne de Graisessac à Béziers fit cependant parler d'elle. Concédée le 17 mars 1852, 3 mois après le coup d'Etat, pour 16 millions, elle fut cédée à des tiers pour 14 et par ceux-ci à d'autres pour 12.

mins de fer, qui s'effondra dans un désastre de 50 millions, le *Crédit mobilier* appelé par l'honnête Berryer « la plus grande maison de jeu de l'Europe ».

Enfin et surtout, ces *Ports de Marseille* qui révélèrent des pratiques alors plus inédites qu'aujourd'hui. Un M. de Laubespin avait déposé 521 actions pour l'Assemblée générale ; quand il les réclama on en avait disposé en faveur de commis, laquais et autres votants sûrs.

« Alors, dit le défenseur, Me Grandmanche, nous nous présentâmes à l'improviste chez ces malheureux avec un huissier, tenant d'une main une sommation d'avoir à déclarer la vérité, de l'autre une dénonciation en police correctionnelle. Tous les faux actionnaires, sous l'influence de cette menace salutaire, avouèrent la fraude. »

3° Analogies entre l'Emprunt Mexicain Impérial et le Panama

Il est facile de constater que l'Emprunt mexicain de 170 millions offre des analogies avec les obligations à lots du Panama comme prix d'émission, remboursement à 500 francs et gros lots tentateurs. Il devait y avoir aussi constitution d'un capital d'amortissement et de paiement des lots qui ne semble pas différer de l'acte en douze articles de cette *Société civile* que M. de Lesseps paraît avoir payé cher comme découverte. (V. *Journal officiel*, 27 septembre 88, p. 327, annexes.)

Voici, en effet, ce que publiaient, en avril 1865, les journaux choisis d'alors :

« En vertu d'une clause du traité il sera déposé à la Caisse des Dépôts et Consignations et immatriculé, au grand Livre de la Dette publique au nom des souscripteurs de l'Emprunt, une somme de rente française 3 0/0 suffisante pour reconstituer intégralement le capital versé par les souscripteurs, de telle sorte que les obligations remboursées soit par lots, soit à 500 francs par tirages semestriels, recevront au bout de cinquante ans, un deuxième remboursement sur le pied de 340 francs par obligation. Le droit, à cette prime est représenté par un certificat spécial attaché à chaque obligation. Les souscriptions seront reçues au Comptoir d'Escompte et chez tous les receveurs généraux. »

Mais là s'arrètent les ressemblances; quand sous la troisième République, le fonds de garantie a été versé au Crédit Foncier et maintient les obligations à lots à 80 francs, rien ne fut versé sous l'Empire, elles tombèrent à rien.

Quand en 1888, il y a eu mention de l'irresponsabilité de l'Etat sur les publicité, affichage, certificats, titres provisoires et définitifs (V. p. 33), rien de pareil ne se fit, on lit au contraire dans la *Patrie* du 21 avril 1865 : « Le public peut donner sa confiance, la France impériale veut avoir l'orgueil de rappeler un jour qu'elle a payé de son sang et de son argent, la régénération sociale et politique de tout un peuple. ERNEST DRÉOLLE. »

Ce ne fut que trois ans après, le 24 juillet 1868, sur les réclamations des républicains J. Favre et Ernest Picard, qu'il fut accordé quelque chose aux ruinés par l'article 29 du budget : « Le ministre des Finances est autorisé à faire inscrire sur le Grand Livre de la Dette publique une rente en 3 0/0 de 4 millions pour être attribuée aux porteurs des obligations mexicaines : les titres seront remis à échange dans le délai d'un an à partir du 1er janvier 1869. »

Cela fit à peu près 8 francs par obligation au lieu des 30 francs d'intérêt des 134 lots annuels dont un de 500, deux de 250.000 francs, et du remboursement en cinquante ans à jamais évanouis.

Et ces 8 francs de rente furent pris non sur une

liste civile ou les fortunes sérieuses des ministres, mais sur les contribuables (1).

En somme, bien que l'Empire, « mangeant l'avenir », ait créé force monopoles à longue échéance qui pèsent encore (Gaz, Omnibus, etc.,) il n'y eut pas d'exemple qu'un homme politique ait été converti à ces idées de monopole de 50 ans, autrement que par l'étude approfondie des intérêts du public. On ne vit ni procès, ni condamnation, ni par conséquent, culpabilités.

Il est vrai que la Presse était en monopole.

CHAPITRE III

L'Argent électoral d'origine boulangiste

> M. Ribot, président du Conseil :
> « Cette puissance de l'argent ne
> « se fait pas sentir seulement dans
> « les procédés de Gouvernement,
> « mais aussi et surtout dans les
> « élections, c'est-à-dire à la source
> « même de tout pouvoir politique.
> « Il n'y a pas de question plus
> « haute, plus décisive, pour l'ave-
> « nir de notre démocratie. »
> *Journal officiel* 9 février 1893.

Les générosités en fait d'élections remontent à l'argent royal du général Boulanger.

Son système de prodigalités faciles en camelots, équipes, chansons, chromos, portraits plus jeunes

1. La République établira une compensation, mais non payée par les électeurs contribuables. Rapport Goirand sur le projet de loi Royer « pour faciliter aux porteurs du Panama les poursuites en responsabilité des administrateurs et de tous ceux ayant reçu des sommes indûment payées. » (*J. off.*, 10 février 1893, p. 483.)

que nature, son organisation de l'enthousiasme et d'un suffrage universel mis en marche vers les marchés, tout cela fut pour la première fois, à ce point, le spectacle pitoyable que l'on sait d'honnêteté publique abaissée, de forum décadant en champ de foire.

« La première élection du Nord coûta 200.000 fr. ce fut la première des grandes orgies électorales, la triple élection coûta: Charente-Inférieure 170.000 fr. Nord 230.000, Somme 270.000. Pour l'élection de Paris, on dépensa 450.000 francs. » (*Coulisses du Boulangisme*, Paris, Cerf. 1890 p. 280 et 281.)

Cet exemple d'infiltration de l'argent a été suivi, quoique de loin; nous trouvons, dans le *Journal Officiel* de 1889-90, deux validations et une invalidation de candidats que nous désignerons impersonnellement par X. Y. Z. « Nous avons voté pour M. X..., il s'est montré si généreux pour nous. M. X... nous comble de ses générosités, il nous a fait boire gratuitement dans les auberges. Dans l'une d'elles on vendait le vin à 1 sou le litre et on l'achetait à 10; les paysans le vendaient 10 sous le matin et le buvaient à 1 sou le soir. » (*Rires.*)

Les intentions de ce candidat consommé furent sans doute dépassées, comme toujours, par le zèle d'amis électoraux: il y eut, paraît-il, un notaire qui mandait les électeurs ayant emprunté de l'argent à 5 0/0 et leur en offrait à 3, « une sorte de crédit agricole qui ne tombe pas sous le coup de la loi. » (*J. Off.*, 1890, p. 394.)

La Chambre valida, malgré 7 condamnations pour faits électoraux et, il est vrai 50 non-lieu, malgré M. Brisson, dont ceux qui ne sont pas austères se vengent en disant l'austère Brisson. « Vous vous proposez, messieurs, en ordonnant une enquête, non pas d'intimider qui que ce soit, mais de décourager certains procédés (*c'est cela, très bien*) que peut-être vous avez rencontrés trop souvent dans un certain nombre d'élections. (*Applaudissements à gauche.*)

Le second candidat Y..., une aimable et aimée personnalité parisienne du reste, s'était pourvu, semble-t-il, d'un syndicat de 1.600 membres coûtant 20.000 francs, 7 payés comptant, 13 après l'élection. En dépit de ces dépenses élevées, on le présenta comme candidature ouvrière.

Cet ouvrier à son aise, qui avait déjà été soupçonné en 1885 de trop de bienfaisance électorale fut invalidé en récidive malgré une spirituelle défense de M. E. Arène, rapporteur.

L'élection Z..., moins fastueuse dans ses développements, n'en amena pas moins cet aveu de son rapporteur, M. de Villebois-Mareuil : « Il serait puéril de nier l'influence que la grande fortune de M. Z... a eue sur son élection moins peut-être par ce qu'on en a reçu que par ce qu'on en attendait. »

M. Pelletan, après avoir énuméré toute une armée électorale de régisseurs, gardes-chasse, cochers, domestiques, fermiers, valets de charrue, bûcherons, journaliers, courtiers qui couraient, dit-il, l'arrondissement depuis deux mois, ajouta ces mots qui disent bien la néfaste force d'exemple du Boulangisme : « Nous avons vu passer sur ce pays une entreprise politique commanditée comme une affaire, recevant des millions; on s'est demandé si notre France n'était pas destinée à tomber sous le coup d'une dictature montée comme un pouf financier. » (*Très bien, très bien.*)

C'est en effet le péril.

Par dessus les X. Y. Z. qui ne sont pas en cause, il y a à réformer un système de tolérance molle élastique, de dons électoraux appelés euphémiquement emploi légitime de la fortune, de prodigalités dites bienfaisance, d'accès de charité trop septembrale pour ne pas être suspecte.

Les élections d'argent font, derrière le glissement des mots, un glissement de consciences.

Elles peuvent être, pour le député besogneux, vivant frugalement à Paris avec son indemnité, une tentation dangereuse de chercher au dehors des moyens de réélection mauvaisement nécessaires.

D'autre part, n'est-il pas à craindre qu'avec la richesse de source externe d'un général Boulanger, car c'est de ce républicain en commandite que date toute une organisation : « Au chef-lieu, un agent-trésorier était doublé d'un agent politique qui faisait les programmes, articles de journaux, affiches, avec, dans chaque arrondissement, un sous-agent qui choisissait un agent cantonal, lequel désignait un agent communal. » (*Coulisses du Boulangisme*, p. 282.) il se forme des **Syndicats.** Une espèce de Banque du suffrage opérant en grand, ayant ses candidats défrayés, acquis. Et cherchant, après avoir faussé le vote des électeurs à atteindre au-dessus le vote de l'élu lui-même, à se procurer des affaires avec les mandats procurés.

Les électeurs de 1893, année de luttes ardentes, devront se rappeler le mot de Montesquieu : « On ne peut donner beaucoup au Peuple sans retirer encore plus de lui. » (Livre VIII, p. 112, *Esprit des Lois.*)

En notre pays où, comme l'a dit avec quelque réalité M. Déroulède (séance du 23 décembre 1892), « la vie politique semble n'être qu'une longue succession de candidatures, le vestibule de la fonction suivante où député on devient candidat ministre, puis candidat président du Conseil, puis candidat président de la République, » il est bon d'éloigner le plus possible l'honneur de l'argent.

Cela d'autant plus que sur nos deux grandes rivalités politiques de Gouvernement, il s'est greffé peu à peu, depuis douze ans, deux grandes rivalités financières, comme une guerre de religion de l'argent avec des haines sourdes, inavouées, mais âpres de revanche.

Ce sont ces rancunes mixtes financières, politiques religieuses qui, sous des noms en *isme* variés, donnent l'assaut à notre troisième République périodiquement à la veille des élections générales.

C'est la 4e ou 5e fois que l'Eglise et la haute Banque vont s'indigner à nouveau contre les candidatures officielles, et les fonds secrets avec encore plus de candidats officiels et de subsides.

CHAPITRE IV

Une Guerre de religion de l'argent. — L'argent juif et l'argent jésuite

En 1876, se fonda à Paris, sous la présidence du marquis de Plœuc (1) d'abord, puis de M. Bontoux, protégé du comte de Chambord et du prince de Broglie, en rapport avec les grandes familles aristocratiques et la clientèle des maisons religieuses, une Société financière destinée « à transformer en levier puissant les capitaux des catholiques. »

Le Conseil d'administration avait les apparences, au moins de surface, d'un comité politique ; il comprenait : MM. le prince de Broglie, le marquis d'Harcourt, Léon Riant, Eugène Veuillot, etc. Le but de cette concentration d'argent politique, M. Bontoux qui, sous le patronage du prince de Broglie, s'était présenté à la députation, avait été élu puis invalidé, l'avoue nettement dans son livre (2).

1. La première raison sociale fut Dervieux, Guillaumeron et Cie.
2. Bontoux. *L'Union générale, sa vie, sa mort, son programme.* Paris, Savine, 1888, p. 243.

« C'était de former, d'une part, le Trésor de Saint-Pierre,

« De l'autre le Trésor de la Charité catholique ;

« Deux instruments destinés à constituer ce domaine en attendant les réparations et l'avenir. En décembre 1881 les études relatives à ces deux entreprises étaient achevées, les moyens d'exécutions réunis. »

Il conclut, dans cet ouvrage publié en 1888 : « Tel était, *tel est encore le but à atteindre.* »

Pour ce but temporel on s'était muni d'une bénédiction spirituelle et autographe du vénéré Saint Père.

Les faits ont prouvé que cela ne suffit pas.

Ayant vécu longtemps en Autriche, pays fort catholique romain, M. Bontoux, à l'activité duquel il faut rendre hommage, avait conçu, paraît-il, l'idée moderne d'une croisade de Bourse contre les Juifs. Son *Union Générale* créa de nombreuses sociétés exutoires, des succursales, porta son capital, en deux ans (1879-81), de 25 à 50, 100 puis 150 millions. A chaque augmentation, l'action nouvelle de cette Banque catholique augmentait. Le truc, s'il est permis d'employer ce mot en tel sujet, le moyen peu moral d'une Société qui voulait une fin morale consistait en la création artificielle d'une prime grandissante à chaque émission, elle fut d'abord de 20 fr. ; puis de 175, puis de 350 francs par titre en 1881.

Cela faisait croire à une gamme ascendante de prospérité et, pour fortifier ces apparences, la valeur en Bourse, par des rachats faits à Paris et à Lyon, atteignait, pour un simple dividende de 40 francs le prix maximum de 3.060 coté le 7 janvier 1882.

Mais tout cela était artificiel et la force de choses qui est dans toutes les situations, devait l'emporter même sur une Banque catholique.

Aussi n'est-il pas étonnant qu'aux premières

défaillances, le camp adverse, la Banque Juive, qui se croyait visée non sans raison, et qui, depuis plusieurs mois, luttait avec perte pour l'existence, ait précipité ses coups de baisse et amené un effondrement : Le krach de 1882.

Les poursuites devant la huitième Chambre correctionnelle classique qui va juger, après le Comptoir d'Escompte un troisième krach des Dépôts et Comptes courants, visaient la distribution de dividendes fictifs, le rachat par la Société de ses propres actions, en violation des articles 8 des statuts et 419 du Code pénal.

Dans le débat, un M. X... soutint avoir ignoré jusqu'au moment des poursuites, qu'il figurait sur les livres comme souscripteur pour plus de 10 millions ; il avoua néanmoins avoir signé des paquets de transferts pour rendre service, tout en touchant 1 franc par signature.

M. le Président. — On vous en a demandé bien souvent (*Droit*, 8 décembre 1882, audience du 7).

Impartialement il faut dire que l'arrestation de M. Bontoux, à la veille d'une assemblée générale d'actionnaires, parut précipitée, et que quelques constatations d'expert (c'était alors, comme aujourd'hui pour le Panama et les Comptes courants, M. Flory) semblèrent discutables en certains détails (1).

Cet acte gouvernemental du ministère de MM. de Freycinet, J. Ferry, à l'Instruction publique, Tirard, au Commerce, n'a pas été oublié. Coïncidant avec l'assaut victorieux de la Banque Juive, il a laissé « aux étranglés » plus que l'idée d'une simulta-

1. Un Comité de l'*Union*, fondé en 1883, bien que l'actif fût déprécié par la faillite d'une Coulisse exonérée de 120 millions de paiements, a réuni environ 110 millions et payé 70 0/0 à ses créanciers. Il faut retenir ce chiffre qui est donné par M. Bontoux et exact. On le verra plus loin, dans les débats (V. p. 42), fort grossi par ce qu'on appelle, avec une suspicion née d'expérience, « les chiffres de tribune ».

néité fortuite, celle d'un pacte avec cette juiverie dite désormais « maçonnique et républicaine », qu'on voulait détruire et contre laquelle, dès ce moment, une alliance catholique et monarchique étroite se solidifia.

De cette époque datent, en effet, des haines dévotes de finance, de politique et d'individus plus que de religion. Il serait puéril aux membres influents du Parlement et du Cabinet d'alors de se croire perdus de vue. Cela dure.

Depuis ce premier essai de mobilisation de la main morte transformée sourdement en valeurs mobilières, cette première bataille perdue d'une guerre de religion de l'argent, il a paru, sous des titres plus ou moins religieux, des publications anti-sémitiques et anti-républicaines violentes. Toute une Bibliothèque anti-sémitique a été éditée, fortuitement sans doute, chez le même éditeur que l'*Union Générale* de M. Bontoux et un grand nombre d'ouvrages de même action. Peu à peu l'anti-sémitisme en germe a germé pour présenter des candidats contre la République aux élections générales en 1889 et aux élections municipales de Paris en 90. Il en prépare pour 1893.

Impartialement on doit avouer que les secours amiables qui furent apportés depuis en mars 89 au Comptoir d'Escompte, entraînant avec lui la Société des Métaux et les Compagnies minières, plus tard en 1891 à la Société des Dépôts et Comptes courants par l'initiative décidée de M. Rouvier, contrastent quelque peu avec la mort sans phrases de l'Union Générale. Cela a beaucoup grossi les griefs et les rancœurs de ruines restées cuisantes dans les mémoires et dont nous verrons plus bas quelques aveux faits en pleins débats parlementaires (V. p. 42).

Au fond, comme l'ordre du jour du 4 mai 1877 provoqua le 16 mai, de même il semble que l'échec d'accaparement de l'Argent par le parti qui détient déjà la terre et les consciences, est la déterminante des luttes électorales subventionnées du Comité du duc de Padoue en 1885, du Boulangisme en 1889, comme de l'Anti-sémitisme et Panamisme actuels, de ces machines de guerre à périodicité que notre Histoire politique montre revenant tous les 4 ans.

Il est utile que les électeurs de 1893 sachent que la campagne de cette année encore à ses débuts, qui a des révélations fortuites à l'étude, avec la liste des 104 et de l'X à produire en dernière heure sensationnelle, est des mêmes mains, des mêmes hommes que jadis.

CHAPITRE V

Une Guerre de religion de publicité
L'Antisémitisme clérical anti-républicain

Depuis leur défaite de Bourse en 1882, les anti-républicains semblent n'avoir pas cessé de préparer une revanche avec cette inusable obstination des gens qui se croient plus éternels et divins que le commun. Le journal *la Croix* fut fondé en 1883 et rédigé par le R. P. Bailly de la Compagnie de Jésus qui, dit un ouvrage catholique « méprise tout le monde en général et ses lecteurs en particulier ceux-ci le lui rendent en respect. » (*Le clergé de France devant la République*, Paris, Tolra 1892, p. 151.)

Ce journal à un sou, suffisamment temporel et sans indifférence pour les affaires (1), a été bientôt

1. *La Croix*, à côté d'une pommade des trois curés qu'elle a annoncée longtemps, est surtout célèbre par ses souscriptions qui s'adressent aux centimes de la petite épargne comme le

suivi d'une publicité religieuse abondante avec développement plus marqué, et qui semble soutenu dans ces dernières années. Nous avons relevé un à un dans le *Journal officiel de la Librairie*, le nombre de ces œuvres dont plusieurs, il est vrai, ne sont que des pièces ou plaquettes.

En 1867, on n'en compte que 475; il y en a, en 1885, 688 ; en 1889, 976; en 1890, 902, et, en 1891, 914.

On peut conjecturer qu'en l'année d'élections de 1893, le chiffre déjà élevé de 1889 sera atteint.

Dans la maison d'édition spéciale, où nous trouverons tout à l'heure les ouvrages et la Bibliothèque anti-sémitique, ont paru, établissant une apparence de liaison et de parenté entre ces deux mouvements : *Les Sœurs des Hôpitaux*, par F. Bournand avec préface de J. de Biez, secrétaire général de la Ligue anti-sémitique; *Tué par les Juifs*, par Henri Desporte; *Le Juif franc-maçon*, par le même, qui signe alors abbé Henri Desportes; *Les Intérêts catholiques en* 1891, par F. Bournand, avec qualification nouvelle aussi d'ancien vice-président du Cercle catholique de Saint-Roch; *L'Agonie d'une société* (1889) qui conclut : « Trois mots à peu près

Panama et à fonds aussi perdus. *La machine à 29 centimes* est tout simplement une machine à s'imprimer, tirant 70.000 à l'heure et coûtant 30.000 francs que le journal anti-juif a eu l'idée de demander à l'abonné par « sou des petits Chinois. » De mars à juin 88, cette quête a recueilli 6.496 francs. « Il n'y en aura que deux à Paris : une pour le Diable tirant une feuille empoisonnée, l'autre tirant la Croix au milieu du prochain mois de Marie. » (*La Croix*, 23 mars 1888.)

« *La Maison de la Bonne Presse*, indispensable pour sauver le monde par les journaux et les bons livres » est une 2e imagination productive d'un total de 16.424 francs au 1er décembre 1891. Elle donne lieu à des annonces. « Voulez-vous promettre en mon nom aux âmes du Purgatoire deux cents messes si j'obtiens une grâce importante. » On recommande une œuvre importante si elle réussit on donnera pour les âmes du Purgatoire 100 francs de messes et 100 francs à la Maison de la Bonne Presse » (11 décembre 1881).

Ce commerce avec Dieu — et de Dieu — paraît étrange.

synonymes résument toutes les plaies de notre société française ; francs-maçons, voleurs et juifs. »

Dans d'autres librairies se publiaient : *Le Clergé pendant la guerre* 1870-71, toujours par M. F. Bournand, qui signe en 3e manière : « Professeur à l'école professionnelle catholique », et *les Héros de la cornette et du tricorne*, publications élogieuses dont la modestie du clergé a souffert sans doute.

Enfin la *Religion de Combat*, par l'abbé Lemann (Paris, Lecoffre, 1891) que la revue mensuelle rédigée par les Pères de la Compagnie de Jésus et dite *Etudes religieuses*, bien qu'elles soient fort politiques, loue en ces termes couverts : « Puisse cet ouvrage contribuer à l'organisation des volontés et des forces catholiques (juin 1891, p. 370.)

Après avoir montré que, sous des signatures diverses qui pourraient faire croire à un grand nombre d'auteurs, le cléricalisme et l'anti-sémitisme communient quelque peu, nous ne dirons rien des ouvrages de M. Drumont qui sont connus, et de ceux, qui ont moins pénétré, de M. Chirac : *La Haute Banque et la Révolution*, *l'Agiotage sous la troisième République*, pour arriver à une *Bibliothèque* dite *anti-sémitique*, où, comme on va le voir, on n'est pas tendre pour les descendants des douze tribus, pour la franc-maçonnerie accusée des pires forfaits, et pour la République.

Les Francs-Maçons ennemis de l'alliance franco-russe, *les Assassinats maçonniques*, *les Femmes dans la maçonnerie*, ouvrages tous cités avec éloge dans la Revue des Pères de la Compagnie de Jésus, où les francs-maçons sont lestement qualifiés d'androgynes, côtoient sur les mêmes rayons des brochures anti-sémitiques aussi extrêmes.

Après la *Politique Israélite*, la *Russie juive*, l'*Algérie juive*, les *Juifs en Algérie*, surtout le *Système du sang chez les Juifs* qui réédite une fable du moyen âge, après laquelle il ne reste plus qu'à accuser « d'empoisonner les fontaines », nous trouvons le *Juif, voilà l'ennèmi* du Dr Martinez, professeur de théologie, dont voici quelques titres de chapitres : « Influences des Juifs dans la Maçonnerie ». « Causes qui rendent la guerre légitime, Salut de la Patrie, Défense de la Religion », et enfin « La mort dans une guerre sainte est un véritable martyre ».

Si convaincus que puissent être de pareils « appels aux catholiques », les Electeurs de 1893 penseront qu'ils manquent de modération.

D'autant qu'en octobre 1890, à ces violences éparses est venu se joindre le premier numéro d'une revue reliant ces publications d'un même éditeur et confirmant entre les ouvrages cléricaux et anti-sémites, une parenté étroite qu'avait pu faire soupconner déjà leur berceau commun.

L'Alliance anti-juive *pour la défense sociale et religieuse* dit bien : « Notre but est de revendiquer nos libertés religieuses, contre lesquelles les Juifs ont déchaîné la franc-maçonnerie dont ils sont les chefs absolus quoique plus ou moins occultes, mais la *Revue* n'arbore pas de drapeau politique et ne servira aucun parti. » C'est fort bien dit, mais, *en fait*, un peu plus bas, cette Alliance publie les interpellations de M. Laur à la Chambre ; elle refuse sa confiance en l'*Alliance Française*, où l'on trouve un Paul Bert fondateur, Ernest Renan, Jules Simon. « Sur la couverture du bulletin figurent les noms de Spuller, Lockroy, Gréard, Le Myre de Villers, Léon Say. Tout comme l'Alliance républicaine universelle, c'est un enfant de l'Alliance israélite universelle. » Et plus bas : « S'il est un fait historique bien démontré, c'est que les Juifs, par fanatisme ou plutôt par haine du Christ, tuent les enfants chrétiens ; recueillent leur sang et l'emploient dans diverses cérémonies de leur culte. »

Après cette étrange « histoire », on n'est plus étonné de trouver des étrangetés. « Quel est le remède à l'agiotage? Il faut retourner vers l'Eglise. » Janvier 1891, p. 182. Et en tête du premier numéro, qui ne veut servir, il est vrai, aucun parti, se trouve le Manifeste pour les élections de 1889, du Comité de la Ligue *nationale* (1) antisémitique.

« Français,

Vous allez être appelés dans quelques jours à élire vos représentants à la Chambre des députés. Dans cette année de centenaire et de crise, les élections doivent être une véritable consultation nationale. Voici, d'une part, les candidats de l'opportunisme et du radicalisme, candidats de la République juive qui, depuis de longues années, détient le pouvoir. C'est le camp des Jacobins nantis.

D'autre part, voici les conservateurs; ceux-ci représentent les nobles croyances, les grands intérêts terriens, les glorieuses traditions de la France.

Le 27 janvier dernier, les Juifs votaient par ordre pour le triste Jacques, le candidat de Floquet; on vit au contraire tous les électeurs français voter pour Boulanger au cris de « à bas les Juifs! »

Et, à la suite de ce document, l'*Alliance antijuive*, « qui n'arbore pas de drapeau politique », Dieu l'en garde, ajoute : « Ce n'est pas parmi les catholiques que la Ligue a réussi à recruter la plupart de ses adhérents » (p. 13).

Jamais on ne vit tant de gens qui se connaisssent bien affirmer ne pas se connaître.

Il est exact que, depuis longtemps, les Juifs ont fourni des griefs réels au Monarchisme, au Boulan-

1. Ce mot *national* est familier aux entreprises contre la République.

gisme, et à l'anti-sémitisme « qui ne se connaissent pas (1). »

Les Israélites se sont déclarés sans équivoque, sans ambage et avec une logique suffisante pour la République.

« C'est aux républicains que nous devons nos droits de citoyens, ce sont eux qui, en 1789, ont émancipé les Juifs radicalement et sans conditions; c'est à leurs fils que nous devons que jamais on a osé revenir sur cet acte et qu'on l'a imité dans d'autres pays d'Europe (p. 140). Nous n'avons rien de bon à attendre des cléricaux, cherchons donc à ne pas nous aliéner les vrais libéraux nos bienfaiteurs. Les cléricaux ont réclamé la dîme, mais ils n'ont pas voulu y voir la défense de posséder des richesses territoriales; les lévites avaient la dîme, mais ils ne pouvaient posséder de terres ni collectivement, ni individuellement (p. 141). Le judaïsme fait consister le mérite de l'homme dans ses bonnes œuvres, les cléricaux le font consister dans la foi et la soumission envers eux; le cléricalisme dit : « Hors de l'Eglise, point de salut; » le judaïsme : « Les justes de toutes les nations ont part au salut éternel. » (*Archives israélites* 1879, p. 141.)

Il y a dans ces lignes quelque bon sens.

1. D'un *Bulletin de l'Union de l'Action morale* vendu aux seuls initiés et qu'a cité M. Leydet en séance récente du 16 février 93, (*Journal officiel* du 17 p. 580) est cette phrase :

« Il importe de répandre notre esprit sans faire connaître d'où il vient. »

II

HISTOIRE PARLEMENTAIRE COMPLÈTE DU PANAMISTHME ACTUEL.

LES RESPONSABILITÉS

CHAPITRE VI

Les Responsabilités à la Chambre

Après avoir établi ces chaînons de parenté, d'origine et d'hommes entre les indignations passées contre la République et l'indignation du jour, nous allons étudier les *responsabilités* du Panama.

Bien qu'écrits à l'*Officiel* et rapprochés de nous, ces *faits* donnent encore lieu à quelques contestations, confusions et « chiffres de tribune » inexacts.

1° Une littérature du Canal

On a trop peu tenu compte de ce qui avait été écrit. Les avertissements n'ont pas manqué en livres et en brochures que la Compagnie traitait avec une hauteur marquée, de manœuvres anglaises de mécontentement d'employés congédiés, voire même de chantage.

Nous avons pu relever 69 publications de ce genre

en sens divers, toute une littérature copieuse du Canal; elle se divise en :

12 avant 1880, dont les auteurs principaux sont: Félix Belly, Dunlop, Wyse, l'ingénieur des mines français, Garella premier auteur du canal à écluses, et dont l'envoi officiel dans l'isthme par M. Guizot en 1843 (1), a peut-être servi de *précédent* à celui de M. Rousseau, (v. p. 42);

38 de 1886 à 1888 *avant* le vote de la Chambre, dont 31 publications françaises, 2 allemandes *Keep, der Panama Canal*, Dresde, 1886), 2 espagnoles, 1 italienne (*Del Canale interoceanico*),Firenze), 1884, 1 anglaise (Dr Nelson), 1 américaine (Mac Calla ;)

19 depuis le vote jusqu'à aujourd'hui, toutes françaises, et ayant trait à la reconstitution de l'entreprise.

2° Le Projet Baïhaut

On ne les avait pas assez lues quand, en 1885, après des tentatives repoussées de haut par les Cabinets Ferry et Brisson, M. de Lesseps introduisit le 27 mai 1885, une troisième demande d'autorisation d'obligations à lots. En suite de cette demande M. Armand Rousseau, ingénieur en chef de 1re classe des Ponts et Chaussées et ancien sous-secrétaire d'Etat au ministère des Travaux publics fut envoyé dans l'isthme.

C'était là un fait grave.

Il ne pouvait échapper à des esprits politiques, donc de prévision, que le rapport, favorable ou non, aurait une influence grande, qu'en bonne règle par-

1. Pour une Compagnie franco-colombienne concessionnaire du chemin de fer depuis 1838, les capitaux manquèrent, 1848 survint; bref, une Compagnie américaine reprit la concession en déshérence et termina le *Panama Railroad*. En sera-t-il une fois de plus ainsi pour le Canal?

lementaire, cet envoi engageait quelque peu l'Etat sans assentiment des Chambres.

En effet, dès le retour de M. Rousseau et la remise de son rapport le 30 avril 1886, M. Baïhaut, ministre des Travaux publics déposa son projet de loi favorable (1). Ce dépôt, le 17 juin 1886, donna lieu à une première protestation *républicaine*.

M. Wickersheimer. — Je demande la parole contre le projet qui vient d'être déposé.

M. le Président. — Ce n'est pas possible, la discussion n'est pas ouverte (*Journal Officiel*, 18 juin, p. 114.)

Ce projet, du reste, fut officiellement retiré le 22 juillet devant l'hostilité de la Chambre (2), et le refus de M. de Lesseps (17 juin) de communiquer ses livres, traités de concessions et contrats à la Commission, qui en prit d'autant plus ombrage que 33 exemplaires du rapport Rousseau lui avaient été distribués.

3° Une publicité discrète du Rapport Rousseau

Ce fut toute sa publicité du reste. On dit bien qu'il parut en des brochures ministérielles dont la pagination est peu fatiguée des profanes et chez un éditeur spécial dont peu de gens savent le chemin. *En fait*, il demeura ignoré (3). Par un privilège remar-

1. D'après l'acte d'accusation, M. Baïhaut aurait avoué, le 12 janvier 1893, avoir reçu 250.000 francs le 18 juin 1886 et 125.000 fr. le 21, apportés au Sénat par M. Blondin.

Il avait stipulé qu'aucun reçu ne serait délivré.

2. M. Sourigues, au nom de la première Commission des pétitions, avait déposé, le 24 juin 1886, une résolution « tendant à affranchir l'Etat de toute responsabilité morale et matérielle dans la solvabilité et les actes de la Compagnie comme dans les résultats, quels qu'ils soient, de son entreprise. »

3. Malgré nos recherches dans les *Annales des Ponts et Chaussées* (Paris, veuve Dunod, librairie du corps des Ponts et Chaussées,

qué le *Temps* du 20 mai 1886 publia, dans sa partie la plus suggestive de lecture, *Dernières nouvelles*, le texte exact de l'envoi en mission de M. Rousseau arrêté du 24 décembre 1885, en ajoutant : « Le rapport a été déposé il y a près d'un mois, entre les mains du ministre des Travaux publics, M. Baïhaut; il contredit nettement les affirmations de la Compagnie concernant la facilité des travaux, les chiffres du temps et des sommes nécessaires ».

Et le 27 juin ce même journal répétait : « Le rapport de M. Rousseau sur le canal de Panama vient d'être distribué à l'instant aux membres de la Commission. Voici le texte des conclusions. Nos lecteurs verront qu'elles sont entièrement conformes aux nôtres. » (Dépêches particulières de Chambre 4e page).

Mais ce fut tout.

Sans doute 33 exemplaires furent distribués à la Commission de 1886 et deux déposés aux Archives, mais il faut l'avouer impartialement, c'est là une publicité qui n'arrive guère au public.

Deux ans plus tard, devant la Commission sénatoriale Bozérian, M. Rousseau fit une déposition plus nette encore que son rapport (v. p. 35). M. Demole en obtint la publication *in extenso* aux *Annexes* et dans l'excellente pensée de cet ancien ministre des Travaux publics, c'était prévenir loyalement les actionnaires et obligataires, dès le 28 mai 1888, c'est-à-dire vingt-huit jours avant l'émission. Malheureusement ce témoignage des faits, qui eût donné à réfléchir aux souscripteurs, ne parut dans les *Annexes* du Sénat qu'à l'*Officiel* du 1er septembre, — deux mois après l'emprunt — c'est-à-dire trop tard.

Comme font souvent les *Annexes*.

des Mines et des Télégraphes), il nous a été impossible, de 1885 à 1890, de trouver trace du rapport Rousseau.

4° La première faute lourde parlementaire. — La prise en considération

Par le retrait du projet de la loi *Baïhaut*, le Parlement était dégagé. Malheureusement dix-neuf mois plus tard, le 1er mars 1888, la Chambre des députés fut engagée à nouveau par une proposition d'initiative parlementaire de MM. Alfred Michel, Levrey, Maunoury, Hurard, Saint-Martin (Vaucluse), Sarlat, Clovis Hugues, Bernier, Noël Parfait (1).

On peut croire que l'initiative ministérielle, aujourd'hui expliquée, de M. Baïhaut a pu avoir sur celle des neuf députés ci-dessus un poids moral de *précédent*. Toujours est-il que le point de départ des conséquences électorales du Panamisthme actuel est là en fait. « Le canal à écluses peut être ouvert à la grande navigation avant fin 1890, il s'agit d'un capital de près d'un milliard réparti entre 400.000 porteurs français; nous devons conclure que c'est la petite épargne qui est engagée, c'est là une considération qui, à elle seule, doit appeler la sollicitude d'une assemblée démocratique. »

La prise en considération rapportée par M. Gomot au nom d'une Commission d'initiative composée de MM. Achard, *président*; Mesureur, *secrétaire*; de Mesnildot, Suquet, Aristide Rey, Richard (Drôme), Montaux (Seine-et-Oise), de la Rochefoucauld, Duvaux, Magnien, Chavoix, Dr Ducher, Jules Carré, Fonbelle, Moreau (Nord), Viox, de la Martinière, de Jouvencel, de Labourdonnaye, Reybert, Buvignier, fut sobre et réservée. Une partie de la Commission conclut « au rejet pur et simple », la majorité se prononça pour la prise en considération; mais « ce fait n'impliquait aucune conclusion sur le fond de la question qui échappe à notre contrôle (2). »

1. Annexes, p. 261.
2. Annexes, 2486, p. 416.

La discussion de cette prise en considération, le 26 mars 1887, fut mouvementée.

M. de Jouvencel, *républicain.* — M. de Lesseps a refusé le 17 juin 1886, de communiquer à la Commission spéciale, ses livres, contrats, traités et concessions, c'est pourquoi le Gouvernement a retiré son projet de loi.

A gauche. — C'est vrai (1).

— Dans le projet actuel, l'article premier parle de 600 millions, mais le paragraphe 4, article 1er stipule qu'il y aura majoration de 20 0/0, soit 120 millions de plus, c'est-à-dire 720. Le paragraphe 1er, article 5, dit que les titres jouiront d'un revenu annuel minimum de 3 0/0. Ceci inséré dans la loi, si la Compagnie cesse de payer, il incombera à l'Etat comme une garantie morale.

M. de la Ferrière, *droite*, parle pour le projet.

M. de Kergariou, *droite.* — Il me semble impossible, quoi qu'on en dise, que la responsabilité de la Chambre ne résulte pas de la décision qu'elle aura prise tendant à la nomination d'une commission spéciale. (*Très bien, très bien à gauche*). Sa responsabilité financière ne sera pas engagée, mais sa responsabilité morale dominera le débat.

A gauche. —C'est ce qu'on cherche.

« C'est une question toujours grave que de voir les pouvoirs publics s'immiscer dans une affaire privée; après un débat il faudra se prononcer en connaissance de cause.

Plusieurs membres *à droite.* — C'est précisément ce que nous voulons.

M. de Kergariou. — Vous serez obligés de donner une sanction à votre étude si vous refusez l'autorisation. Quelles conséquences ! Si vous l'accordez, vous êtes liés par un lien moral (*mouvements divers*)

1. On comprend que, sous peine d'un in-quarto à format aussi redoutable que l'*Officiel,* nous avons dû faire des résumés de l'*in extenso*.

dont vos prudentes réserves ne sauraient vous dégager. Si vous acceptez la prise en considération, vous engagez gravement votre responsabilité morale et peut-être financière. (*Très bien, très bien, à gauche*) (*Journal Officiel*, p. 462.)

M. Georges Roche, *droite*. — Nous sommes en présence d'un projet déposé par des collègues.

MM. Achard et Marmonnier, *républicains*. — Que le Gouvernement a refusé de déposer.

A gauche. — On veut nous faire endosser une responsabilité extrêmement grave.

M. Ducoudray, *républicain*. — La Chambre n'a pas à s'occuper de ces affaires-là.

M. Achard. — J'espère bien que vous ne pousserez pas le pays dans cette entreprise ; rien n'est certain dans les chiffres énoncés dans les promesses prodiguées ; je vous engage à réfléchir, à réfléchir sérieusement. (*Interruptions à droite.*)

Malgré ces paroles avisées, il y eut prise en considération par 205 voix contre 161.

Deux membres de la droite et un républicain, M. Pesson, avaient pris la parole pour le projet ; tous les opposants, sauf M. de Kergariou, appartenaient à l'opinion républicaine. Cela permet déjà d'établir quelques responsabilités sérieuses car elles sont initiales et engagèrent l'affaire.

Peu après, la Commission spéciale de dix membres celle dont les changements à vue vont être dits par les débats, fut nommée. MM. Le Guay, *président* ; Sarlat, *secrétaire* ; Félix Faure, Horteur, Salis, Chantagrel, Rondeleux, Saint-Martin (Vaucluse), Maret, Pesson, Sans-Leroy (1).

5° Le Rapport Maret et la discussion des 26-28 avril 1888

« La Commission a demandé les documents et a

1. Elu par le 8e Bureau sur cette déclaration : « M. Sans-Leroy ne pense pas que l'on puisse nommer une Commission favorable au projet. »

repris le dossier de la Commission parlementaire qui, il y a deux ans, avait été saisie par le Gouverment; elle a entendu MM. Rousseau, Hart, Ch. de Lesseps, Dingler; le directeur du Crédit foncier n'a pu se rendre à sa sommation. » (*Journal Officiel*, p. 637.)

« La proposition de ne pas déroger à la loi de 1836 a été repoussée par 7 voix contre 2, et 2 abstentions. La plus grave des responsabilités serait celle que prendrait le Parlement si, repoussant la demande, il pouvait, un jour, encourir le reproche d'avoir causé la ruine de l'entreprise. Sur les 600 millions 200 doivent servir aux intérêts dus aux actionnaires et obligataires, 125 seront versés à M. Eiffel chargé de construire les écluses, 150 aux entrepreneurs français, les sept huitièmes de l'emprunt resteront donc en France. »

Il faut remarquer que 475 millions ne sont pas les sept huitièmes mais les huit dixièmes de l'emprunt, que le projet portait non sur 600 mais 720 millions; enfin qu'il n'est fait aucune allusion aux variations, intelligibles depuis, d'un membre de la Commission (1).

C'est un fait à noter qu'avant la séance et avant discussion publique, l'Union des Droites, aujourd'hui panamiste militante, décida de voter pour les obligations à lots du Panama. Ce qui eut une influence sérieuse.

Procès-verbal officiel de la Réunion des Droites sous la présidence de M. de Mackau : « Après une discussion contradictoire à laquelle ont pris part MM. Daynaud, de Kergariou, le Provost de Launay et Dugué de la Fauconnerie (chèque n° 9980 annoté *De la Fauc.*), on s'est rallié à l'opinion exprimée par ce dernier. » (*Temps*, 28 avril 1886, 4e p.) Nous

1. Quant aux 200 millions devant servir aux intérêts, ils ne servirent que six mois, jusqu'au 14 décembre 1888, où tout intérêt fut suspendu *provisoirement*.

verrons plus bas (v. p. 41) le fait loyalement avoué en séance par M. de Mackau.

Le 27 avril (et nous donnons quelques développements à ce débat établissant la première et plus grave responsabilité), M. Rondeleux, proscrit de décembre, lut en pleine inattention son ex-rapport. M. Goirand donna des explications plus écoutées : « M. Rondeleux avait été nommé rapporteur au bénéfice de l'âge par 5 voix contre 5 à M. Maret lorsque (procès-verbal de la séance de la Commission du 17 avril) M. Sans-Leroy s'exprima ainsi : « Lors-« que la Commission a nommé son rapporteur j'ai « voté pour M. Rondeleux. Son rapport est exac-« tement l'expression de ma pensée, mais une « question supérieure doit primer le désir que « j'avais d'appuyer le rapport. » (*J. Off.* 27 avril, 2e col.) Après cette déclaration, la majorité se trouva déplacée; simultanément les cours de la Bourse furent vivement influencés; l'action du Panama est passée de 267 à 340 francs depuis que M. Rondeleux n'est plus rapporteur. (*On rit.*)

M. Saint-Martin (Vaucluse). — Qu'est-ce que peuvent nous faire les cours de la Bourse.

M. Goirand. — La majorité au fond n'a pas changé puisque M. Sans-Leroy a dit : « Le rapport de M. Rondeleux est exactement l'expression de ma pensée. »

M. Sans-Leroy. — Je demande la parole (p. 363 2e col.)

En *fait*, après l'avoir demandée, il ne la prit nullement dans le débat (1).

M. Le Guay, *président.* — Messieurs, vous déciderez, s'il vous convient, dans l'intérêt du régime républicain. (*Exclamations à gauche.*)

1. Le 21 avril, pour son vote *retourné*, M. Sans-Leroy réclama le scrutin secret, ce qui le trahit. Dès le 19 avril, MM. Félix Faure et Chantagrel avaient dénoncé à la Commission des offres et tentatives de corruption personnelles.

M. Bovier-Lapierre. — Dans l'intérêt des tripotages.

M. Le Guay. — Si vous m'interrompez vous ne pourrez pas entendre les explications de la Compagnie du Panama.

M. Jumel. — Nous voulions justement savoir si c'était vous qui le disiez.

M. Le Guay parle du prestige du nom français dans le Centre Amérique et dans le monde.

M. Leporché, *républicain*.— C'est la carte forcée.

M. Rondeleux. — Il y a quelque chose de plus national qu'une entreprise de ce genre, c'est le travail qui se fait en France et pour la France (*Journ. officiel* 28 avril, p. 1353, 2e col.)

M. Jumel. — Il y a dans l'Assemblée un parti-pris d'accepter sans discuter.

M. Goirand. — Il vaudrait mieux voter une indemnité aux obligataires ; ce serait une chose injuste, mais au moins vous ne vous rendriez pas complice d'une duperie.

Malgré cette opposition de fait toute républicaine, la loi fut votée par 284 voix contre 128.

6° Les Responsables. Paternité républicaine de l'article 4.

Les interruptions peuvent avoir sur le vote une influence moindre que les discours, mais, réelle, c'est une intervention personnelle dans le débat, nous les citons à ce titre. Ont parlé ou interrompu *pour* : MM. Le Guay, Chevandrier, Richard (Drôme), Thévenet, du Clerq, Maret, Sans-Leroy, Saint-Martin (Vaucluse), Dugué de la Fauconnerie, Georges, Roche, Gaudin de Villaine, de Lanjuinais; ces cinq derniers de la droite.

Contre : Goirand, Jumel, Rondeleux, de Jouvencel, Salis, Ducoudray, Bovier-Lapierre, Vernhes, Leporché, R. Waddington, Turrel, Félix Faure, Albert Christophle, Barré, de Douville-Maillefeu, Jaurès, de Kergariou. Tous d'opinion républicaine, sauf M. de Kergariou.

De là se dégagent des responsabilités de fait que les Electeurs de 1893 apprécieront.

En 1888, s'il y eut quelque étonnement, des variations parallèles de la Commission et de la Bourse, des déclarations de MM. Faure et Chantagrel, cela ne dépassa guère les couloirs.

En séance, M. Rondeleux avait dit : « La majorité s'est déplacée.

M. Ducoudray. — Ah ! elle a changé.

M. Rondeleux. — Les opinions ont pu se modifier très légitimement. »

Il faut rectifier dans ces trois séances désormais historiques, deux faits :

Aux cinq dérogations à la loi de 1836 dites à la tribune : Crédit Foncier de 1852, Canal de Suez 1866, obligations de la Ville de Paris, du Panama et (ultérieurement) d'une Société belge, il faut en ajouter une sixième, l'Emprunt Mexicain de 1863 dont on a vu la ressemblance avec le Panama incomplète seulement en ce que le versement promis par l'Empire à la Caisse des dépôts et la mention de non responsabilité de l'Etat furent négligés.

Cette mention en 1888 sur les prospectus, affiches, publications, certificats, titres provisoires ou définitifs, fut exigée par un amendement déposé le 28 et devenu article 4 (1) dont nous verrons plus loin la

1. « Emprunt autorisé, mais sans aucune garantie ni responsabilité de l'Etat », en caractères de même grosseur que l'annonce et au-dessous du montant de l'emprunt. Toute infraction amènerait un retrait d'autorisation par simple arrêté du Ministre des Finances.

paternité disputée et tiraillée de droite à gauche jusqu'à aujourd'hui.

Cependant le texte officiel suivant nous paraît fixer une priorité républicaine de l'idée.

M. Méline, *président*. — Cet amendement déposé par M. Mérillon avait été accepté par la Commission mais elle a donné *ensuite* la préférence à la réduction d'un autre amendement analogue qu'a présenté M. Georges Roche.

Au banc de la Commission : « M. Mérillon s'est rallié à l'amendement de M. Georges Roche » (*Journ. officiel*, 29 avril, p. 1837, 1re col.)

CHAPITRE VII

Les Responsabilités au Sénat

Transmis le 30 avril avec diligence, le projet de loi fut au Sénat l'objet d'un rapport de M. Bozérian, documenté et étudié (1).

Après avoir constaté que la modification du canal en canal à écluses avait été approuvée le 5 octobre 87 par la Commission technique supérieure de la Compagnie (2) et avoir entendu MM. de Lesseps, Cottu, Eiffel, Rousseau, le ministre des finances, les ingénieurs de la Compagnie Dingler, Hutin et même sur sa demande un des adversaires opiniâtres du Canal, la Commission conclut par 7 voix contre 2 : « Refuser l'autorisation serait compromettre de la façon la

1. Commission composée (17 mai), de MM. Denormandie, *président*, Isaac, *secrétaire*, Krantz, Demôle, de Lareinty, Bozérian, Beral, Léonce de Sal, Delsol.

2. Commission technique de la Compagnie : MM. Daubrée, Lalanne, Laroche, Pascal, Ruel, Jurien de la Gravière.

plus grave l'entreprise et ses 400.000 actionnaires ou obligataires. Votre Commission croit plus moral que la faillite de se prêter aux supplications de ces milliers d'intéressés dont les pétitions et les vœux ont été adressés au Parlement et qui lui demandaient de rendre possible l'accès de la route dans laquelle beaucoup semblent disposés à s'engager. » (*Ann.* 349, 28 mai) (1).

A ce rapport furent annexés une lettre de M. de Lesseps à M. Denormandie, les statuts de la société civile imitée de l'Emprunt Mexicain, enfin, et surtout, la déposition de M. Rousseau pleine de réserves. Elle signale l'entreprise Couvreux et Hersent des deux premières années, le travail par tâcherons des trois années suivantes, puis, en 1865, les traités passés avec six grandes compagnies de construction. « L'examen des marchés me montra que pour deux d'entr'elles la réalisation de leur engagement pour le 1er juillet 1889 était à peu près impossible avec la chaleur étouffante au fond de tranchées de 159 mètres de plus en plus rétrécies à mesure qu'on approfondira. Ce sont ces conclusions qui en 1886 ont fait considérer mon rapport comme absolument défavorable à l'entreprise ; on a fait le plus grand mystère de ce travail ; on a même commencé une instruction judiciaire sur certaines indiscrétions auxquelles il a donné lieu. » Mais, ajoute il est vrai M. Rousseau, « en réalité je ne croyais nullement à l'impossibilité du canal, le résumé de mes conclusions le prouve. »

M. Krantz. — Il y a un point sur lequel j'appelle l'attention de la Commission. Pour évacuer 44.000 mètres cubes d'une écluse, on dit qu'il ne faudra que quinze minutes ; c'est 50 mètres cubes par seconde,

1. Le désir humainement instinctif de sauver le milliard engagé, de courir après son argent, le pétitionnement activé par la Compagnie, ont certainement eu, dans les votes du Parlement, une part que les électeurs de 1893 apprécieront.

c'est-à-dire le débit de la Seine en étiage. » M. Eiffel affirma alors la possibilité d'écluses creusées en pleine roche pouvant être maçonnées au besoin donc sans déperdition d'eau, la résistance des portes, la possibilité de vidange dans le temps donné par tubes de 2 m. 60 à 3 mètres de diamètre.

Ces dépositions émettant des doutes techniques furent, nous l'avons dit, totalement ignorées du public. Elles ne parurent à l'*Officiel* que le 1er septembre — deux mois après l'émission.

1° La discussion en séance

Elle fut sérieuse. M. Bozérian commenta son rapport : « M. Demole a demandé que la déposition Rousseau soit insérée *in extenso* aux *Annexes*. Il y a été fait droit; si nous n'avions pas été pressés par le temps, il eût été désirable que toutes les dépositions soient reproduites, notamment celle de M. Dingler très nette, très topique. Le ministre des finances (M. Tirard) me dit que s'il demandait des explications ce serait engager la responsabilité du gouvernement.

M. Tirard. — Absolument.

M. Bozérian. — Ce sentiment est celui de la majorité de le Commission.

M. Songeon. — Je partage absolument sur cette affaire le sentiment de notre collègue, M. Tolain Elle n'aurait pas dû venir devant le Sénat. La première demande d'autorisation de lots fut introduite sous le ministère Brisson qui refusa nettement de s'en occuper dès 1885. Une deuxième demande fut examinée sous un autre ministère en Conseil. M. Rousseau fut envoyé dans l'isthme, son rapport ne devait pas être publié, mais sa mission fut connue. Le jour où le gouvernement a envoyé à Panama un homme commissionné par lui, un homme tel que M. Rousseau, sa responsabilité a été engagée ; si bien qu'un des membres du Cabinet dit dans une Commission de la Chambre : « Si j'avais été ministre à ce moment-là, j'aurais plutôt donné ma démission que de souscrire à l'envoi de M. Rousseau. » (*Journ. officiel*, 5 juin 88, p, 822, 1re col.)

MM. Béral (chèque n° 9.920), Denormandie, Léon Renault, de Sal, parlèrent *pour* le projet.

M. Demole, *contre*. — La responsabilité morale de la législature qui aura rendu cette loi spéciale sera engagée. Elle le sera, messieurs (*très bien, très bien à gauche*), et j'ose dire qu'elle le sera quelles que soient les conditions que vous mettrez dans votre loi (p. 833).

M. Tirard. — Nous en sommes réduits, comme l'a fait remarquer M. Demole, à n'avoir d'autres affirmations que celles de la Compagnie (1).

M. Perras, *républicain*, expliquant son vote. — Eh bien, si quelqu'un me consultait et demandait : Puis-je y mettre mon argent? Ne pouvant dire oui, je voterai non (2).

2° Limitation des responsabilités du Parlement vis-à-vis des actionnaires et obligataires

Après les responsabilités politiques précitées, il importe de limiter les responsabilités financières, grossies sans mesure par l'attribution au Parlement de toutes les ruines des actionnaires et obligataires.

Comprise celle du 26 juin 1888, il a été fait 8 émissions. En 1879, emprunt de 400 millions, dont 30

1. Les votes favorables et discussion, Chambre et Sénat, parurent in extenso dans le *Bulletin du Canal* (2 mai, 16 juin).

2. Impartialement, il faut dire que si la déposition Rousseau parut trop tard, ces paroles furent à l'*Officiel* du 5 juin, — vingt et un jours avant l'émission.

seulement souscrits et rendus après échec absolu, puis :

Capital actions		300 millions
Obligations 5 0/0		107 —
— 6 0/0		170 —
— 4 0/0		145 —
— 6 0/0	1re série	206 —
—	2e série	113 —
—	3e série	35 —
		1.077 millions

Une deuxième évaluation, qui paraît moins rigoureuse et n'est pas détaillée porte le total à 1.059.715.940 francs. En somme, il y avait plus d'un *milliard* dépensé. Il est évident que, si la loi du 8 juin 1888 n'eût pas été votée, ce milliard était perdu sans responsabilité possible du Parlement. On peut même dire que cette considération a pesé sur les votes.

Des 2 millions d'obligations à lot, 849.226 seulement ont été souscrites; sur chacune desquelles 60 fr. versés à la société civile, 38 fr. 62 pour les lots, 21 fr. 68 pour l'amortissement restent encore en caisse au Crédit foncier. La responsabilité réelle n'existe donc que pour les 849.216 obligations à lots, 60 francs déduits, et les bons à lots de 1889, 34 francs déduits.

Soit, en chiffres ronds, environ 300 millions.

C'est trop. Mais la responsabilité ne peut porter équitablement sur la totalité des sommes dépensées, sur la totalité des actionnaires et obligataires ainsi que la Droite va l'affirmer avec partialité.

3° Un républicain premier défenseur des obligataires du Panama

C'est encore un député républicain, M. Goirand, qui, le 18 juillet, dépose le premier une demande d'in terpellation sur les mesures que l'on entend prendre pour assurer l'efficacité et la permanence du dépôt prévu par la loi pour reconstitution du capital et paiement des lots des obligations du Panama. « A l'heure actuelle, pas un des titres de rente ou de valeurs garanties par l'Etat qui doit constituer ce fonds d'amortissement n'a été acheté par la Compagnie. « (*Exclamations à gauche.*)

M. Burdeau. — Mais c'est l'interpellation que vous développez.

M. Goirand. — Nous avons toujours observé vis-à-vis de l'affaire du Panama une attitude impartiale, eh bien, je vous le demande, ne serait-ce pas sortir de cette attitude que de renvoyer à trois mois l'examen d'une question qui est une des conditions principales de la loi d'émission que vous avez votée. J'insiste sur la discussion immédiate. (*Mouvements divers.*)

La Chambre, consultée, vote le renvoi à *un mois.*

Par cette nuance (en *fait* un renvoi à trois mois puisqu'on était en fin de session ordinaire) la Chambre marquait sa volonté de voir la Compagnie se mettre promptement en règle. Et on lui obéit.

C'est peut-être à cette interpellation que les obligataires à lots qui ne sont, on ne saurait trop le préciser, qu'un quart des victimes totales du Panama, doivent de voir leurs titres garder une valeur relativement élevée.

Déjà, en effet, la Compagnie, qui allait tomber dans le plus complet désarroi cinq mois après, était embarrassée.

On va le voir.

CHAPITRE VIII

Le Panamisthme politique pour les Elections de 1889. L'Exploitation du Canal.

Dans cette deuxième phase du Panamisme actuel on va assister à une évolution. Après avoir, comme va l'avouer M. de Mackau, décidé en partie du vote par une décision avant débat, l'Union des Droites va se faire une arme de parti pour les élections de 1889 et de 1893 de ce vote qui est *son* vote.

C'est l'exploitation politique du Canal.

Le 14 décembre 1888, MM. Floquet, président du Conseil, et Peytral, ministre des Finances, déposent un projet de loi de prorogation des échéances du Panama avec demande d'urgence (1).

MM. Labordère, Jumel, Goirand, de Kergariou parlent *contre*.

M. P. de Cassagnac. — Quant à moi personnellement je voterai l'urgence, et non seulement l'urgence, mais je voterai le projet déposé par le Gouvernement; la responsabilité de toutes ces ruines retombera sur le parti républicain.

Il avoue avoir voté pour les obligations à lots, et revendique pour M. Georges Roche, de la droite, la paternité de l'article 4.

M. Mérillon. — La rédaction de M. Georges Roche a été regardée comme meilleure, mais l'idée venait de moi.

M. de Cassagnac. — L'amendement de M.G. Roche a été regardé comme meilleur, c'est ce que nous

1. Commission composée de MM. Chevandier, Philippon, de Cassagnac, Piou, Crémieux, Brunier, Javal de Montety, Monis, Labrousse, Pernolet, Liais, Jules Carret, Jumel, Sabatier, de Kergariou, Ceccaldi, Ducoudray, Bourgarel, Reybert, Pradon, Wickersheimer.

voulons dire. (*Journal Officiel*, 15 décembre 1888, p. 2.947).

M. Goirand. — L'Union des Droites, qui ne délibère d'habitude que sur des questions de royauté, sous la présidence de M. Mackau, a décidé en séance qu'elle voterait l'émission des obligations à lots. Elle a été le seul groupe qui ait fait une manifestation collective, en faveur de cette faute de la Chambre, cette première immixtion dans les affaires de la Compagnie.

Le pays ne l'oubliera pas.

M. de Mackau. — Oui, la réunion des Droites a dû s'entretenir de cette question comme elle a le devoir de le faire de tous les intérêts du pays.

M. Goirand. — Alors ne reniez pas les responsabilités que vous avez prises.

M. de Mackau. — Nous prenons toutes les responsabilités de nos actes (p. 2948, 2e col.)

M. Jaurès. — M. de Cassagnac a tenté de détourner les responsabilités en jetant dans le débat une question de parti. (*Très bien, à gauche.*) M. de Mackau, avec une loyauté qui lui fait honneur, a pris à cette tribune, la responsabilité du vote émis par l'immense majorité de la Droite. »

L'urgence fut repoussée par 333 voix contre 155.

Mais la voie était indiquée d'*utiliser* politiquement les actionnaires et obligataires ; les tentatives vont se renouveler par interpellations de tactique sur pétitionnement qui n'est plus provoqué par la Compagnie mais par d'autres.

Le 7 mai 1889, jour même de la validation de l'élection à Paris du général Boulanger M. Gaudin de Villaine, au nom de comités d'actionnaires et obligataires (pétition n° 110) fait un historique — complet jusqu'à quelque fatigue ; il rappelle que l'idée d'un canal est venue au Président Bolivar, au Père Enfantin, au prince Guillaume III de Hollande, à MM. Félix Belly Loyd, au prince Napoléon en 1846 et à Fernand Cortez en 1528. Après cette érudition incomplète malgré son envergure (1), il conclut à une garantie d'intérêts.

M. Jumel. — On a bien assez des garanties d'intérêt pour les chemins de fer.

Il avoue du reste s'être abstenu dans le vote des obligations à lots.

M. Boissy d'Anglas. — S'abstenir n'est pas avertir le pays.

Ici, il faut établir que M. Gaudin de Villaine ne s'est pas abstenu, mais a voté *pour* ces obligations à lot, qu'il déplore (Voir *J. Off.* 28 avril, résultats du vote p. 1383).

M. de Cassagnac insiste sur la responsabilité du Gouvernement et semble donner corps à l'opinion que les antisémitisme, panamisme, boulangisme sont peut-être nés de l'Union Générale.

« Vous avez ouvert l'ère des catastrophes financières, vous avez frappé une société qui, ses affaires ayant été violemment arrêtées, sa faillite prononcée a, malgré tout, donné 80 0/0 à ses créanciers (2). »

M. Jumel. — En déclarant les administrateurs responsables.

1. Il omet *Garella* qui étudia dès 1843 la dérivation du Chagres avec canal à écluses, 16 sur le versant sud, 17 sur le versant nord, aboutissant aux baies de Limon et Panama, canal de 45 m. au niveau d'eau, 20 au plafond, 7 de profondeur, écluses de 64 mètres sur 14, alimentation d'eau, évaluation et dépenses, moyens d'exécution, revenus probables.

A ce propos il est curieux de constater que la mission Guillemain (Inspecteur et Directeur à l'École des Ponts-et-Chaussées), envoyée dans l'isthme en 1890 par M. Brunet et citée dans le 11e considérant de l'arrêt récent de la 1re chambre, conclut à un tonnage initial de 400.000 tonnes, avec accroissement annuel de 250.000. Ce sont les chiffres de Garella en 1845. (Rapport original et complet déposé aux Archives du Ministère des Affaires Etrangères.)

2. M. Bontoux a dit 70, M. de Lanjuinay dira plus tard 95 0/0, (24 décembre 1892). Par mêmes chiffres de tribune, les porteurs du Panama ont été évalués à 400,600 et 870.000.

« Votre conduite d'alors constitue pour moi un véritable crime, quand vous voulez intervenir, vous savez très bien le faire. (*J. Off.* 8 mars 1889, p. 503.)

Enfin, pour clore cette quatrième législature cause initiale du Panamisme électoral actuel, M. Jules Roche déposa un projet de loi autorisant le liquidateur de la compagnie à émettre les obligations créées en vertu de la loi du 8 juin 1888 et non placées (1).

Cette loi d'émission *in extremis* du 17 juillet 1889 réservait sagement un capital insaisissible jusqu'à concurrence de 34 millions. C'était une infraction de plus à la loi de 1836, conséquence de la première, et une troisième intervention de l'Etat, suite de deux autres. L'engrenage.

CHAPITRE IX

Le Panamisthme politique pour les élections de 1893

(*Suite de* L'EXPLOITATION DU CANAL)

En 1889, malgré le boulangisme qui se dit républicain, l'antisémitisme qui se jure anti-boulangiste, les cléricaux qui s'annoncent socialistes et les monarchistes à demi républicains, — tous votant ensemble, dans la trouble *équivoque* qui semble une des sénilités du siècle, il y eut une majorité républicaine. Pourtant la réaction se renforça, à ses

1. Depuis la liquidation du 4 et le tirage du 15 février 1889, les 1.150.774 obligations non placées ont concouru au bénéfice des lots avec un succès remarqué.

frais il est vrai, du parti dit « national » et « d'action », que nous allons la voir mettre en demeure d'agir.

Ce ne fut cependant que le 21 juin 1890, toujours sur des pétitions facilitées, que la Droite se montra de plus en plus maternelle pour les petits actionnaires et humbles obligataires, ceux qui ne sont plus négligeables depuis le suffrage universel.

M. Gauthier de Clagny, *rapporteur*. — Les pétitionnaires réclament la lumière complète, il suffit que le liquidateur refuse de réunir une assemblée générale d'actionnaires, pour que ceux-ci puissent s'adresser à la justice, que les responsabilités pénales soient recherchées en temps utile et qu'on ne les découvre pas trop tard pour les réprimer.

M. Guillaume, *à la droite*. — Vous avez poussé l'état à engager sa responsabilité dans l'affaire du Panama.

M. de Lamarzelle. — C'est M. Georges Roche qui a proposé l'article 4.

Malgré cette insistance nouvelle, on a vu que la paternité de l'article 4 appartient à M. Mérillon, républicain.

M. Jumel. — Alors que dans la dernière législature nous avons entendu à cette tribune un membre de la Droite et non pas des moins importants, venir lire une déclaration qui avait été prise en délibération de l'Union monarchique en faveur en Panama et que ce sont seulement des membres du parti républicain qui ont eu le courage (1) de venir combattre à cette tribune la demande d'obligations à lots dont, personne ne l'ignore, depuis cette époque vous vous êtes fait un tremplin électoral, vous vous donnez l'air d'être les seuls défenseurs, les seuls protecteurs des malheureux qui ont été ruinés dans l'affaire du Panama ; voilà ce que vous faites et ce que nous

1. Impartialement, il faut avouer que M. de Kergariou de la Droite eut ce courage.

ne voulons pas accepter. (*Rires ironiques à droite*) *J. Off.* 22 juin, p. 1144.

Dans cette séance, les bonarpartistes ayant voté pour le Panama, se plaignirent d'uns presse accaparée, possédée, alors que sous l'Empire elle était en monopole (1), et des républicains ayant voté contre, défendirent des victimes qu'ils n'avaient pas faites.

1° Un peu de surdité de la Justice

Impartialement, comme pour le rapport Rousseau, nous dirons ici que la justice dont le Garde des sceaux, M. Fallières avait l'oreille, montra une certaine surdité.

M. Goirand. — La vigilance du ministre de la Justice n'a pas fait défaut jusqu'à ce jour, mais peut-être a-t-elle été gênée par les agissements de quelques liquidateurs de la compagnie.

M. le garde des sceaux. — Non, non, je n'ai jamais été gêné par personne.

M. Jumel. — On a prétendu, pendant quelque temps, que le Canal de Panama était une société commerciale, puis une société civile, cela a amené des lenteurs, vous êtes assurément d'accord avec moi pour penser qu'on a entravé l'action de la justice par des moyens dilatoires comme on en use trop souvent dans ces sortes de procès; la Compagnie de

1. Nul journal ne peut être créé sans autorisation, cautionnement en numéraire de 50.000 francs et timbre de 6 centimes; les tarifs de poste antérieurs à la loi de 1850 sont remis en vigueur. Le gérant acquitte les condamnations dans les 3 jours; la suspension temporaire peut être prononcée par mesure de sûreté générale; en contravention l'imprimerie sera fermée (17 février 1852). Les délits de presse et de parole passent des assises « où la répression est moins efficace » aux tribunaux correctionnels (31 décembre 1852). Les communes recoivent en échange du *Bulletin des Lois*, une feuille rédigée par les soins et sous la surveillance du Ministre de l'intérieur, le prix en est acquitté comme dépense *obligatoire*.

Panama et les liquidateurs étaient les acteurs de cette sorte de comédie (*J. Off*. 22 juin, p. 1145.)

M. Gourand. — Il ne suffit pas de renvoyer les pétitions au ministre la Justice comme le veut la Commission la prescription s'acquiert tous les jours, quand on aura en main des documents suffisants, ce sera trop tard pour un grand nombre de faits.

L'affaire du Panama n'est qu'une succession de délits, une répétition ininterrompue d'agissements mensongers et frauduleux. (*Applaudissements sur divers bancs.*)

M. le garde des sceaux. — Il ne m'est pas possible, après les explications que j'ai rapportées à la tribune, et que l'on a bien voulu reconnaître franches et loyales (*très bien*, *très bien*) de ne pas dire à la Chambre que si elle acceptait l'ordre du jour de M. Goirand, on arriverait sans le vouloir à la confusion des pouvoirs.

M. Goirand. — Si M. le ministre ne peut mettre en mouvement l'action publique sans tomber dans la confusion des pouvoirs, quelle sera la signification du renvoi de la pétition à ce même ministre. »

L'ordre du jour Michou fut adopté. « La Chambre, prenant acte de l'acceptation du renvoi par M. le ministre de la Justice, accepte les conclusions de la première commission des pétitions. ».

Malgré ce renvoi accepté, ce ne fut *qu'un an après* toujours sur pétitions faites à propos, au moment précis où les prescriptions étaient à craindre que sur réquisition à fin d'information judiciaire, M. Prinet, qui commit lui-même M. Flory expert, fut chargé « d'instruire. »

Il instruisit avec lenteur, ce que toujours le même Garde des sceaux expliqua devant la Chambre, mais sans succès, le 5 janvier 1892, car sur le rapport des quatorzième et dix-septième Commissions des pétitions, à l'unanimité de 509 voix : la Chambre adopta l'ordre du jour Peytral. « La Chambre invite le Gouvernement à activer les poursuites commencées, et passe à l'ordre du jour. »

Ce ne fut que onze mois après avoir été ainsi activé, qu'un rapport fut déposé sur deuxième incitation à l'activité par un deuxième vote unanime et récent du 12 novembre 1892. En fin de cette séance à la conclusion de M. d'Ornano, tout à l'honneur de la République : « C'est enfin une loi sur la responsabilité des fonctionnaires, » M. Hubbard ajouta : « Nous espérons que le Gouvernement comprendra la signification du vote de la Chambre. »

Il fut, en effet, compris, deux jours après, le rapport Prinet était déposé (1).

2° Les délations boulangistes

Si le but des interpellations et pétitionnements de la Droite avait été d'équité pure il était atteint. Mais le plan visait au-delà. A peine les administrateurs de la Compagnie arrêtés, ces coupables passent au second plan, il ne s'agit plus d'eux, des actionnaires ou obligataires, des ruines ou des ruinés. Tout cela semble n'avoir été poursuivi que subjectivement, pour ébranler autre chose, surtout comme moyen pour une fin plus haute : dénoncer des coupables politiques.

En effet, deux journaux commencent une campagne d'indications et à la Chambre, le 21 novembre, un député boulangiste avec un vague derrière lequel

1. *Faits et dates.* 12 novembre, vote unanime de la Chambre contre les juridictions exceptionnelles ; 14, dépôt du rapport Prinet ; 16, arrestation de MM. de Lesseps, Fontane et Sans-Leroy ; 20, suicide du baron de Reinach ; 21, citation du Procureur général devant la Chambre de la Cour ; renouvelée le 5 janvier 1893 ; 22, fuite de Cornélius Herz ; 20, décembre, autorisation de poursuites contre cinq députés et cinq sénateurs ; 5 janvier, arrestation de MM. Baïhaut et Blondin ; 10, modification ministérielle, nomination de M. Casimir Perier à la présidence de la Chambre, première séance du *Procès de l'argent,* arrêt 9 février. Procès en comparution devant les assises de la Seine, 8 mars 1893.

se devinent en même temps que l'expérience des prétoires, une série de pièces et documents incompatible avec l'improvisation déclara achetés sans en nommer aucun, plus de cent de ses collègues, ce qui est un chiffre élevé de bassesse. « La preuve, vous savez bien où elle est, il y en a plus de cent parmi vous qui savent où elle est. » (*Journ. off.*, 22 nov. p. 1649, 1re col.) Ce fut une séance pénible.

Comment ce député qui n'était pas de la quatrième législature savait-il de science infusée les faits d'avril 88, quatre ans et demi avant et a-t-il pu mettre la Commission d'enquête qu'il fit nommer, sur la voie des découvertes qu'il lui avait préparées. Cela semble supposer un plan général, une direction (v. p. 65)

3° Les habiletés inhabiles. — Ligne courbe et ligne droite

Dans cette étude politique voulant un enseignement au-dessus des personnalités, nous passerons rapidement sur les faits récents dont la causalité sera moins obscure plus tard, pour montrer l'habileté de la décision en politique et de la décision droite.

Après la nomination en deux scrutins de la Commission d'enquête (1), M. de la Ferronays adresse une question à M. le garde des sceaux sur les retards apportés à l'autopsie de M. de Reinach, scellés et perquisitions.

M. Ricard répond avec une habileté sans doute suprême, que le juge d'instruction dont les pouvoirs avaient pris fin le 19, ne pouvait ordonner ni

1. MM. Brisson, *Président*; Bérard, Bory, de Coussergues, de la Batut, Gueysse, Leydet, Dupuy-Dutemps, Sarrien, Bovier-Lapierre, Gerville-Réache, Barthou, Delcassé, Mathé (Allier), Maujan, Deluns-Montaud, Pelletan, Bertrand, Bigot, Dumay, Grousset, d'Allières, Taudière, Gamard, Tessier, Jonnart, Loreau, Lavertujon, de Ramel, de Villebois-Mareuil, Jolibois, Déroulède.

saisies, ni perquisitions ; que d'un autre côté le procureur général qui avait saisi la première Chambre de la Cour ne le pouvait pas plus; enfin, que cette première Chambre qui pouvait, elle, ne s'était réunie que le 25.

Au centre, — Alors, il n'y a plus de justice.

Pour l'autopsie, il produit un certificat de mort naturelle par apoplexie; à l'égard des scellés, il argumente que M. de Reinach n'était pas un inculpé, qu'il avait été interrogé seulement à l'instruction, qu'il était mort avant le jour où il allait recevoir sa citation.

M. Brisson, président de la Commission d'enquête, montre que si M. de Reinach n'était pas mort le dimanche, il aurait reçu le lundi 21, même citation que les autres inculpés à la première Chambre. « Dès que sa mort fut sue de la Commission, elle demanda immédiatement l'autopsie, copie de son vœu fut remise au président du Conseil, le lendemain copie signée de cette demande au garde des sceaux. Je la renouvelle aujourd'hui à la tribune. En certaines circonstances, il faut rechercher dans ce qu'on appelle l'arsenal des lois toutes les ressources qui permettent d'agir et non des raisons de s'abstenir. » (*Vifs applaudissements.*)

La Chambre donnant raison à cette droiture contre des habiletés supérieures, repousse l'ordre du jour pur et simple et s'associe aux vœux de la Commission d'enquête par 393 voix contre 3. C'est une crise ministérielle adoucie par la réapparition d'anciens ministres.

Parmi eux, M. Bourgeois va marquer une décision, une énergie droites applaudies par la Chambre et plus habiles que d'étudiées circonvolutions en accordant franchement tout son concours à la Commission d'enquête en lui refusant non moins franchement des pouvoirs révolutionnaires.

Le 8 décembre il répond à l'interpellation de

M. Hubbard. « J'ai ordonné l'autopsie, les perquisitions nécessaires seront opérées au moment de la levée des scellés, c'est tout mon devoir et je le ferai tout entier. (*Très bien, très bien.*) Il n'y a pas d'obstacle absolu à la communication du dossier, une instruction non terminée ne peut être communiquée en droit; si cependant on réserve les droits des tiers, l'honneur des individus, des familles, les nécessités de l'instruction elle-même, la conscience du garde des sceaux décide. » (*Journ. off.* p. 1762.)

En revanche, il se prononce contre la proposition Pourquery de Boisserin « qui ferait passer l'action de la justice du ministre responsable à une Commission irresponsable compromettant la liberté individuelle et l'inviolabilité du domicile. On prépare une campagne non contre certains républicains, mais contre la République elle-même, notre devoir se résume en deux mots : sang-froid et union. » (*Applaudissements à gauche et au centre*, *Journal officiel* p. 1817, 2e col.)

MM. Leygues, Jumel, Jullien, parlent dans le même sens.

La Chambre leur donne raison à une très faible majorité. « Oui, mais tous républicains » s'écrie assez contradictoirement le Dr Desprès qui le 28 novembre avait crié : « La Chambre est mûre pour la dissolution. »

En *fait*, la Commission d'enquête et l'instruction ont fonctionné parallèlement, se communiquant les découvertes, révélations, pièces, documents, dossiers, sans que des pouvoirs inusités aient paru nécessaires (1).

En fin, de cette session extraordinaire à beaucoup

1. Les Grandes Enquêtes Parlementaires sont actuellement en France au nombre de 22, 6 politiques, 11 économiques, 4 électorales (sur un groupe d'électeurs), une administrative.

Sur les 14 de la troisième République, 7 appartiennent à la 1re législature, 2 à la 2e, 2 à la 3e, 1 à la 4e, 2 à la 5e législature.

de titres, M. Ribot, président du Conseil, prononce ces paroles : « Notre rôle, à nous, c'est non pas de faire des théories, mais d'agir ; ce que nous voulons c'est être jugés sur nos actes. Cette Chambre a eu le courage qui sera pour elle un titre d'honneur devant le pays de vouloir qu'une enquête fût faite, qu'elle portât sur tous les faits et vous ne pouvez attendre, vous craignez que cet état révolutionnaire que vous cherchez à créer ne se manifeste pas assez tôt.

« Eh bien, le pays ne s'y trompera pas. » (*Journ. officiel*, 24 déc. p. 1948, 2° col.)

A la rentrée en 1893, le 11 janvier, M. Chiché, boulangiste, déclare que le pays veut la dissolution des deux Chambres : une Constituante et la Révision.

M. Michou. — Le pays ne voit pas la panacée dans une Chambre unique, il est fatigué des interpellations à jet contenu qui devraient durer quinze minutes et qui prennent quelquefois une séance entière.

M. Ribot, *président du Conseil, ministre de l'Intérieur.* — Il faut faire avec toutes les forces républicaines unies dans un sentiment de patriotisme, non pas de la politique de groupe, mais une politique de défense républicaine. (*Très bien, très bien et applaudissements.*)

Le *nombre des membres* est très variable : une de 18, 3 de 22, 2 de 30, 3 de 33, une de 34, une de 44 membres.

Au point de vue du *nombre des rapports* : Enquête sur actes de la Défense nationale, 28 rapports ; marchés de la guerre, 34 rapports ; commission des chemin de fer, 16 ; Enquête sur le 16 mai, 12 ; sur la situation des ouvriers de l'industrie et de l'agriculture 3 ; sur les faits touchant l'administration de nature à mériter un blâme, 14 rapports déposés.

Au point de vue *des pouvoirs*, l'enquête sur les journées de juin 1848 eut seule le droit de mander, faire comparaître auprès d'elle, faire délivrer ou communiquer des pièces, citer des témoins, envoyer des commissions rogatoires dans les départements, des circulaires aux préfets et procureurs généraux, obtenir le concours d'un juge d'instruction, etc.

La Chambre adopte l'ordre du jour pur et simple (329 voix contre 206), puis elle déclare qu'elle siégera le mercredi pour les lois ouvrières, et que toutes ses séances y compris provisoirement le mercredi, seront consacrées à la discussion du budget.

« Tous les mercredis, vous interpellez, voilà ce que vous appelez les lois ouvrières ; ceux qui demandent des séances exceptionnelles sont ceux qui interpellent tous les jours (1) ».

Depuis cette remarque sensée, il y a bien eu des mots échangés, même des témoins.

Mais le sujet s'épuise.

1. Ces interpellations, qui sont un peu au travail parlementaire ce que l'interruption est au discours, ont été, en 1890, de 27 républicaines, 1 par 14 députés; 4 monarchistes, 1 par 39; 27 boulangistes, 1 pour un député un quart.

Comme il y a eu 129 séances cela fait à peu près une interpellation sur 2.

III

LES ENNEMIS DE LA RÉPUBLIQUE

CHAPITRE X

Les indignes

1° L'absolution des non-lieu

En résumé, dans les moments de crise, la science de gouvernement se résume en savoir vouloir et vouloir droit, prendre la contre-partie des ennemis de la République.

Ils veulent des crises ministérielles, les éviter; des interruptions de travail parlementaire, travailler. Par le travail, cette source haute d'estime des autres et de soi, le Parlement sortira vite d'une suspicion diffuse, brume d'un brumaire manqué, mais qui n'en sera que plus électoralement diffusée dans chaque arrondissement contre chacun.

L'absolution des non-lieu a donné lieu à des commentaires. Pour tous les électeurs, le Panamisme actuel est un assaut électoral où la tactique, le plan, surtout la qualité des accusateurs commandent des réserves.

Toutes les nuances du parti républicain ont été

frappées délibérément à la tête comme pour décapiter. Celui qui avec Gambetta fut l'âme de la Défense nationale en province n'y échappe pas plus que Floquet, que Clémenceau, même que ce Vosgien dont le ministère, comme le ministère Brisson, ne voulut rien entendre du Panama, mais que les coalisés d'indignation du jour appelèrent le Tunisien tant que la Tunisie ne fut pas une excellente affaire, qu'ils appelleront le Tonkinois, jusqu'à ce que le Tonkin le devienne, n'osant le nommer de son vrai titre de noblesse républicaine l'homme de l'instruction laïque obligatoire et gratuite.

On a même visé plus haut : En dehors de ces réserves générales, il semble à quelques-uns que l'indulgence favoriserait le retour de *faits* pareils ; couvrir certains hommes serait *découvrir* la République. Pour d'autres, il y a lieu d'attendre des éclaircissements qui viendront sûrement en des luttes qu'on prévoit acharnées.

Dans *la guerre au couteau* électorale, le suffrage universel prononcera souverain, il peut faire les morts politiques ou les ressuscités.

Au milieu de ces doutes, plus d'une conscience, devant les contingences humaines complexes qui font du jugement du juge une abstraction difficile se souviendra peut-être des commencements pénibles des vingt-deux années de lutte d'un passé de travail surtout de courage pour ceux qui au 16 mai avec les **363** se déclarèrent prêts pour la proscription et l'exil. Le lendemain de la condamnation de son mari en 1847, la femme du général Cubières écrivit non sans noblesse au président de la Cour des Pairs : « On lui a ôté sa pairie, son grade, jusqu'à sa dignité de citoyen ; ses cicatrices lui restent. »

2° Les Parricides de la République

Mais, pour les réels coupables comme la République, un principe peut exécuter des hommes, fût-ce les siens qu'elle n'a pas, comme une monarchie propriété et perte individuelles du prestige, le jury, avec une nuance entre l'avare et le viveur, le collecteur comme l'égout ou le jeteur d'argent à poignées, devra se montrer, hélas ! d'une sévérité romaine pour l'exemple, contre ceux qui furent l'exemple, les premiers, les entraîneurs, les hommes-affiche de ce spectacle désolant qu'on pouvait aller les pieds dans la boue et la tête dans l'histoire.

En vérité, on ne peut dire quelle influence ont eues sur les faits du jour la corruption impunie, le refus d'enquête directe, l'acquittement d'un homme qu'on ne frappa naguère que d'une flétrissure morale de considérants.

Certes, lorsque cet *acquitté* osa se présenter à la Chambre, il y eut sur l'initiative de MM. Millerand et Mesureur une suspension de séance d'une inexorable modération. M. Millerand déclara : « Il n'est pas possible d'exclure de cette Assemblée un membre quel qu'il soit de la Chambre ; elle doit s'incliner devant les décisions judiciaires, les regrettât-elle, mais elle doit *aussi dégager* sa responsabilité devant le pays. » (*Journ. officiel*, du 27 nov. 88.)

La salle se vida, et l'évadé des lois ne reparut plus.

Mais ce châtiment moral ne fit pas sur le solide bon sens de l'ouvrier des villes et des campagnes, le grand nombre et le meilleur de notre France, l'effet matériel du costumes gris, des sabots et de la cellule de prison.

Peut-être sur l'*acquitté* non plus.

Il est pitoyable d'être impitoyable, pourtant il faut voir au dessus des hommes, ce culte, cet idéal, notre République fondée par les géants de 89, reprise par que les demi-géants de 48, soutenue par nous, rapetissés mais aussi passionnés d'elle. S'il n'était passionnément défendu, ce régime, paratonnerre de dictature, qui seul permettra l'éveil aux égalités vraies de la foule immense des déshérités de ce monde, la montée des souffrants d'en bas, corrupteurs et corrompus l'eussent tué.

En parricides de la République.

Aussi si des révélations ultérieures comme il y en aura, pouvaient montrer ce qu'on peut suspecter (v. p. 66), une intrigue ourdie de loin avec des provocations corruptrices pour avoir des délations à produire en période électorale, des pièges comme des acheteurs d'hommes pour *vendre* un régime, il serait juste de punir durement ceux sans lesquels des faibles fussent restés debout dans l'honnêteté, le Parlement sans suspicion, les affaires et le progrès sans arrêt.

CHAPITRE XI

Les indignés

Comme en 1889, la Droite met, en 1883, ses Boulangistes en vedette, dans la besogne d'indignés au degré suprême. A première vue, il peut paraître malaisé de faire voter contre la République, des ouvriers républicains de cœur, de race, qui, comme par grâce d'état ont l'amour atavique des libertés. L'équivoque y arrive, il suffit de leur dire, la République du jour détestable, et de promettre, pour demain, une République à soi, naturellement meilleure.

Les deux Napoléons n'ont jamais eu d'autre recette.

Il faut jouer les républicains — pour commencer. Mais comme ce rôle a toujours exigé quelque anti-cléricalisme de montre, certains journaux qui ont fait campagne boulangiste en 89, et font campagne panamiste en 93, semblent avoir reçu des indulgences spéciales, une tolérance pie de manger du prêtre pour l'abonné, comme une permission de faire gras le vendredi.

Destiné à donner brevet de convictions républicaines, cet anti-cléricalisme, avec approbation de l'archevêque de Tours, a vu son succès d'équivoque diminuer, depuis qu'après le Boulangisme, l'ouvrier a eu conviction, que bien des mains d'apparence ennemie se serraient chaleureusement dans l'urne.

Ces accommodements avec le ciel, de journaux pleins de promesses, donnant de la République comme de l'eau bénite de cour, expliquent, sans le justifier, que les plus scandalisés des scandales, soient les bonapartistes, sous le règne desquels le pot-de-vin tournait silencieusement à l'hectolitre et les boulangistes oublieux des tentatives peu correctes du Général. « Il a fait appel, à un grand nombre de fonctionnaires du gouvernement pour en obtenir la complicité ou la trahison ; beaucoup ont résisté, mais il a trouvé chez plus d'un une déloyauté égale à la sienne, des liasses d'adhésions sont jointes au dossier, il est plein à cet égard, des renseignements les plus précieux et, des preuves les plus tristes, de l'abaissement de sens moral dont Boulanger a été le principal artisan. » (*Le procès du général Boulanger*, Paris, 1889, acte d'accusation, p. 28.)

Du reste, entre ces coalisés si divers, que réunit seul le Bien public, il y eut parfois des tiraillements peu respectueux, l'un d'eux a répondu à l'autre : « Je n'ai fait fusiller personne pendant la Commune, n'ayant jamais trouvé derrière les barricades que de pauvres Français, que vous y envoyiez sans les suivre. »

En fait, ces indignés qui, en 1889, eussent nui, si on le pouvait en France, aux mots de national et patriote, semblent diminuer aujourd'hui l'indignation elle-même.

CHAPITRE XII

Derrière les indignés

Le mystère du ministère des Finances boulangiste est aujourd'hui connu. « Les frais de propagande du Comité directeur furent payés à l'aide des 3 millions, obtenus par Meyer et Dillon, de la duchesse d'Uzès, les frais électoraux courants sur les fonds que le Comité de la Droite a mis au service du Comité national. » Et plus bas :

« Les sacrifices considérables que le prince a fait sans hésiter en 1889 comme en 1885, dans l'intérêt des candidats du parti monarchique, ont été absolument spontanés ce n'est pas à ma sollicitation qu'ils ont été accordés. » (*Coulisses du boulangisme*, p. 355, et lettre du marquis de Beauvoir, pièces justificatives p. 346.)

Le mystère subsiste encore, quant aux inspirateurs, aux directeurs spirituels du mouvement.

Aujourd'hui l'obscurité savante, les accalmies suivies de rebondissements, les preuves livrées par paquets minces, instillées comme avec un compte-gouttes, ne semblent pas de trouvaille fortuite. Il s'en dégage, à la veille des GRANDES ELECTIONS DE 1893, municipales de Paris en mai, élections législatives en septembre, renouvellement du tiers du Sénat (janvier) et sixième élection du président de la République (décembre 1894) (1), l'idée d'un plan étudié

1. 1°, M. Thiers, 27 février 1871, presque unanimité ; 2° Maréchal de Mac-Mahon, 23 mai 1873, 390 voix ; 3° janvier 1879,

d'une poussée électorale quadruple, qui n'a rien de l'étourderie. Non contre des républicains, mais contre la République.

Devant ce deuxième mouvement, proche parent du premier, appuyé des mêmes coalitions, de publications catholiques anti-sémitiques, de journaux créés, le sens politique fait deviner quelques analogies de direction et de ressources. On ne précise pas assez exactement en France l'influence du clergé.

Essayons de l'établir par des chiffres officiels et de contrôle facile.

A côté de la statistique du ministère des Cultes de 1887, nous avons relevé un à un, dans la *France Ecclésiastique*, annuaire du Clergé de 1892, les chiffres suivants de source diocésaine et peut-être plus exacts.

	1887	1892	
Archevêques, évêques.	87	85	(1)
Vicaires généraux titulaires	182	1.012	y compris l'officialité, secrétariat, chancellerie, censeurs, assesseurs.
Chanoines titulaires .	729	689	diminués par extinction loi du 22 mars 1885.
Curés	3.397	3.377	pour 2.881 cantons, recensement de 1891.
Desservants.	29.752	31.609	(2) pour 36.144 communes.
Vicaires rétribués par l'Etat	10.796	6.919.	
Supérieurs, directeurs, profess. des grands ou petits séminaires et des écoles secondaires ecclésiastiques.	3.804	4.395	avec 293 séminaires ou écoles secondaires.

Jules Grévy, 563 voix; 4° décembre 1885, J. Grévy, 457 voix; 5° 2 décembre 1887, Carnot, élu par 516 voix, après désistement de M. J. Ferry qui en avait obtenu 212 au premier tour.

1. Le budget des cultes pour 1892 (Dupuy-Dutemps dit 85).

2. Le *Traité de l'Administration des Cultes* de 1892 dit 31.253, mais nous maintenons nos chiffres, relevés dans l'*Annuaire diocésain*.

Aumôniers.	2.486
Prêtres auxiliaires . .	4.617
Elèves des grands séminaires.	5.538
Total. . (prêtres).	62.388

Dans l'*Annuaire du Clergé*, les aumôniers et prêtres auxiliaires sont passés sous silence. En les supposant en nombre égal à celui de 1887, le total de 1892 est de 60.721.

Si faible que soit une diminution en 5 ans de 1.667 titulaires, il serait puéril de croire que la résignation chrétienne n'en a pas gardé quelque rancune. Mais, à ce clergé *séculier*, certes le meilleur des deux, où l'humble desservant, même le curé de petit canton qui arrive en si petit nombre, dans la proportion de 1 sur 36 à l'état major (cures des villes, vicariats généraux) et constitue l' « ouvrier de la prière » vient s'adjoindre le clergé *régulier*, l'homme de la règle, le moine qui réunit le plus possible en sa congrégation les hommes, les propriétés et l'argent.

Nous allons en voir l'accroissement sérieux.

RELEVÉ OFFICIEL fait en 1876 par le Ministre des finances et Enquête de 1879

		Nombre de membres	Nombre d'établissem^ts	Hectares	Valeur locative	Valeur vénale	Richesse immobilière par membre
HOMMES	Congrégations autorisées 5	2 418	1 949	3 038	3 507 840	81 433 508	33 678
	non autorisées	7 444	445	9 121	17 304 129	124 052 855	16 665
FEMMES	Autorisées 259	97 009	263	20 784	5 018 812	419 417 376	4 324
	non autorisées 602	14 000	595	2 835	3 694 600	87 645 191	6 260

Les valeurs mobilières ont été dérobées à tout examen.

En ne tenant compte que des valeurs immobilières, on peut déduire de ce tableau suggestif que la fortune individuelle des congrégations autorisées hommes est 7 fois supérieure à celle des sœurs (**33.678** francs au lieu de **4.324**), que l'argent, les propriétés, et les dons y viennent en valeur ou en nombre 7 fois plus élevé (1).

Il n'est pas sans intérêt de noter le développement de ces propriétaires célestes de la terre pendant les 30 dernières années; il a pu être suivi à l'aide de la taxe établie sur la main-morte en 1849, 0 fr. 625 par franc de principal et portée à 0 fr. 70 le 30 mars 1870 (2).

En 1849, le nombre total des hectares possédés ou occupés par les congrégations était de **6.858**, en 1867 de **17.342**.

Il s'est élevé en 1879 à **41.520**; il a presque sextuplé en 30 années.

Avec cette première main mise sur la terre de France, on comprend que les congrégations aient tenté de mettre la seconde sur le Gouvernement, au 16 mai, sur la Bourse, par l'Union Générale, en 1881.

Le but temporel avoué par M. Bontoux « former d'une part le trésor de Saint-Pierre, de l'autre celui de la charité catholique, 2 instruments destinés à constituer ce domaine en attendant les réparations à l'avenir. Tel était, *tel est encore le but à atteindre.* »

Nous n'y contredisons pas. Au point de vue

1. La division en autorisées ou non tombe aujourd'hui. Ces dernières sont rentrées, l'*Annuaire du Clergé* de 1892 accuse des établissements de Maristes, hospitaliers de Saint-Jean de Dieu, Frères de Marie, petits Frères de Marie, Pères de Marie, oblats de Marie, Marianites, Joséphites, Pères du refuge de Saint-Joseph, Frères de Saint-Gabriel, du Sacré-Cœur, du Saint-Viateur, etc.

2. Frappés depuis par la loi du 28 décembre 1880 et celle du 29 décembre 1884 dont des modifications sont à l'étude. Plus de 400 procès sont actuellement intentés au fisc par les tenants de cette main-morte dont Turgot disait: « Supposez qu'à l'époque romaine on eût fait des fondations pour Jupiter, Vénus, etc., serions-nous obligés de les respecter? la terre appartiendrait, non aux vivants, mais aux morts. »

politique, constatons seulement que les 9.862 moines des congrégation ajoutés à 10.523 Frères de l'Instruction chrétienne ou Frères de la Doctrine chrétienne, et au clergé séculier, constituent un total de 81.106 électeurs disciplinés par la discipline ecclésiastique qui les tient « par le pain ». Leur liberté de vote peut paraître plus restreinte que celle des 55.000 officiers ou sous-officiers rengagés de notre armée qui, quoique plus mêlés au corps social par la propriété individuelle, le mariage, la famille, et dans une indépendance plus évidente, vivent néanmoins et, avec raison, en dehors des luttes politiques (1).

Mais ces 80.000 voix ne sont rien, auprès d'une influence d'argent, de fonction et de confessionnal, qui s'étend, dans les plus minces paroisses, sur une moyenne de 20 électeurs : pauvres d'église, sacristain, chantres, membres du Conseil de fabrique, secourus à divers titres, vieillards, parents d'élèves de séminaires, fournisseurs.

Cela fait, les villes compensant largement les petites paroisses, à peu près 1.700.000 voix acquises. En fait le nombre en est plus grand.

Voilà la base solide des forces d'une réaction qui,

1. Le grade est la propriété de l'officier.

Le sous-officier rengagé jouit de plus de garanties que les 31.609 pauvres desservants de France, amovibles à la seule volonté de l'évêque ; les 3.377 curés ne le sont qu'avec agrément de l'État. *Cette amovibilité* au gré de l'évêque des 31.609 curés de campagne les met absolument dans sa main électorale.

En 1849 et en 1873 la République a voulu donner l'inamovibilité à ces prolétaires du clergé en les créant *curés de* 3e *classe* à 50 ans d'âge et 10 ans de service dans la même paroisse, ils l'eussent bien gagné, Ces projets n'ont pas eu de sanction.

Sous l'ancien régime il n'y avait que 2.500 desservants, ils ne pouvaient être suspendus ou exclus du ministère que par sentence de l'officialité diocésaine, après débat contradictoire et information juridique. Le 31e article organique du Concordat leur a fait perdre tout cela. Il est vraisemblable que les évêques, la Droite et le Pape qui ne veulent pas des articles organiques (v. p. 77) tiennent fort à celui-là.

hors de l'Eglise, n'a point de salut. C'est la soudure des royalisme, bonapartisme, boulangisme, anti-sémitisme, panamisme.

Cette puissance dans l'Etat, la 3e République doit l'annihiler ou l'acquérir, comme nous le verrons plus bas.

CHAPITRE XIII

Le mot d'ordre historique de brumaire, de décembre, du 16 mai et du boulangisme

1° Dissolution et revision

Le mot d'ordre pour 1893 est, comme en 1889, comme au 16 mai, comme en 1851, même en Brumaire : *Dissolution et Revision.*

Quand on a voulu sauver une République, pour en faire un Empire, on s'est toujours servi de ces deux mots.

C'est la formule.

En 1889, pour la quatrième copie de ces coups d'Etat qui, depuis 23 ans, finissent en journée des Dupes et, de Napoléon le Grand, descendent à Napoléon le Petit, puis à un maréchal et à un général retraité d'office, beaucoup d'ouvriers, d'électeurs républicains-nés ont été séduits par ce mot de *Revision* que, dans leur droiture, ils entendent républicaine quand on la sous-entend autrement (1).

1. Voir les *Revisions* historiques de la Constitution de l'an III et celle de l'an VIII, de 1848 et celle de 1852 ; c'est la confiscation uniforme des libertés.

C'est un mot de progrès et d'avenir qui (sauf des amendements toujours possibles) aura plus tard son heure, quand l'instituteur à l'œuvre depuis 1882, depuis 12 ans seulement (dont les élèves âgés de 12 et 13 ans à l'époque, qu'il a à peine connus, sont seuls armés du bulletin du vote, les moins âgés étant sous les drapeaux) aura formé pour la France entière non deux, comme aujourd'hui, mais dix générations d'électeurs.

La République dès lors, mais alors seulement, indestructible, pourra sourire des attaques combinées tous les quatre ans, d'un monarchisme à plusieurs têtes ou déguisements, même appuyé sur ses quatre leviers du jour, la vitesse acquise de dix-huit siècles, le clergé, la terre, l'argent (1).

Il n'en va pas encore ainsi.

Quatre-vingts sièges déplacés déplaceraient la majorité de la Chambre.

	2e législature.	3e législ.	4e législ.	5e législ.	
Elections de	1879	1881	1885	1889	2 1ers tour de
Républicains	318	457	383	366	scrutin avant
Réactionnaires	208	135	201	210	invalidation

C'est dans ce but de déplacement de quatre-vingts sièges qu'on demande une *dissolution* et des élections précipitées pour créer une Chambre de 1849 à majorité réactionnaire, reprenant législativement toutes les libertés (2), remontant le courant égalitaire, divisant le Parlement en fractions et chefs de fractions, desordonnant pour nécessiter un sauveur de l'ordre, pour que, comme le dit Montesquieu, « il se forme de petits tyrans qui ont tous les vices d'un seul; bientôt un seul tyran se lève et le peuple perd tout. »

1. C'est en raison de l'avenir de lutte *impossible* que la lutte actuelle *possible* sera violente.

2. Reprise de libertés et recul de 1849; lois sur la presse, les réunions, l'état de siège, le suffrage universel, loi Falloux, etc.

Si la *dissolution* lui échappe, cette Triple Alliance de l'intérieur se rabat sur la *revision contre le Sénat*, pis aller, revision d'euphémisme, mais qui a sa portée, car deux Chambres gênent autrement qu'une. On n'eut pas toutes les facilités de 1851 contre ces Ancêtres, les Anciens et les Cinq-Cents, dont il fallut faire successivement le siège et qui faillirent arrêter Brumaire (1).

Une seule Chambre, ils l'appelleraient vite *Convention*, la troublant par des interpellations, questions, séances vides, obstruction d'interruptions ou discours interminables stérilisant le travail législatif, pour le dire stérile, poussant à la déconsidération, faisant le parlementarisme ridicule pour amener le mot de Saint-Arnaud : « On fait trop de bruit ici, je vais chercher la garde. »

Et en cachant soigneusement ces restrictions mentales, les cléricalisme, monarchisme, anti-sémitisme, Panamisme mettent en avant leur cinquième sosie dit républicain, le Boulangisme, pour *faire* l'ouvrier en jurant la République éternelle, blindée, plus indestructible que nature. Tandis que tout bas, une main dans la main royale — et une main ouverte — tous songent, comme au 27 janvier 1889, jour d'inaction si reproché, à ce que peut une poignée de décidés sur l'Elysée et sur la foule d'indécis qui vient faire faisceau à tous les manches (2).

Heureusement, aujourd'hui on a jeté une partie du masque. Ce n'est plus seulement la République dite pour qui se paie de mots, opportuniste, c'est Freycinet, Floquet, Clémenceau qu'on attaque, ce sont tous ceux qui ont fait les lois militaires et sco-

1. Il serait curieux, si une majorité réactionnaire se constituait, de voir le Sénat, citadelle républicaine, opposer son veto à des lois de recul.

2. Comme l'a dit très heureusement M. Ribot (*Journal Officiel*, 17 février 93), la République ne serait pas en danger « comme formule ».

laires; c'est la République elle-même que veulent déconsidérer des républicains équivoques.

Tout esprit de gouvernement, c'est-à-dire de prévision, doit songer qu'avec le fusil Lebel, sa vitesse de tir, sa trajectoire, la portée et la pénétration des balles, avec les obus à la mélinite, toute résistance de rues deviendrait difficile même contre quelques régiments, tout coup de force serait assuré plus que jamais aujourd'hui d'une victoire facile sur des désarmés.

— Il faut y penser.

2° Y a-t-il eu complot

Le bon sens ne découvre aucun intérêt à M. de Lesseps, après la débâcle du Panama (14 décembre 1888), à la continuation du pétitionnement pendant quatre ans jusqu'en 1893 à des interpellations, du bruit autour de l'affaire, non plus à une divulgation de ses agissements personnels de corrupteur.

Il avait intérêt au silence.

Inversement, l'intérêt de la droite à l'agitation politique en veille des élections de 1889 et de 1893 est palpable.

Si l'on ajoute que M. de Lesseps a été littéralement exécuté par la Droite : campagne de journaux contre le Panama, provocation des poursuites par un 1er député boulangiste, le 12 novembre, délation des faits de corruption, qui ne pouvaient qu'aggraver son cas, par un 2e boulangiste le 21 novembre, on arrive à conclure que dès 1888, M. de Lesseps a pu être conseillé, mené et joué.

2. Cent quatorze pétitions rédigées dans les mêmes termes, imprimées sur même papier, recueillies en fort peu de temps et ayant l'air d'une initiative plus publique que privée d'une campagne. (*Journal Officiel*, 6 janvier 1892. Rapport de la 14e Commission des pétitions.)

Le nombre des députés de Droite compris sur cette liste des 104 qu'on ne donne jamais quand on livre volontiers le nom de ministres républicains permettrait d'établir des présomptions. On a remarqué que la Droite en se prononçant avant séance, avant discussion, pour les obligations à lots, a influencé le vote de 1888.

En rapprochant de ces faits la campagne disciplinée des journaux, celle des caisses d'épargne, le fonctionnement récent d'un *Comité de défense des libertés électorales contre les candidatures officielles* comme en 1885, il naît des doutes qu'augmentent ces graves paroles de M. Ribot, président du Conseil : « Je suis ministre de l'Intérieur et je peux vous dire qu'en dehors de vous, il y a, dans ce pays, d'autres visées que celles que vous apportez à la tribune, d'autres desseins qui ne présentent aucun danger, il est vrai, mais enfin des manœuvres que nous avons le droit et le devoir de surveiller (*Très bien, à gauche.*)

« Il y a à côté du gouvernement, des organisations qui ont des caisses et des fonds secrets, nous les surveillons, nous savons d'où viennent les ressources et elles sont considérables. » (*J. Officiel*, 27 janvier 1893, p. 251 et 255, 3e col.) (1).

1. Des *Coulisses*, car toutes ces coalitions d'habiles ont leurs plus habiles, diront plus tard si nous avons vu juste.

IV

POUR LA DÉFENSE RÉPUBLICAINE

CHAPITRE XIV

1° Concentration républicaine à faire pour les élections de 1893

Dans ce Panamo-Boulangisme dont les attaques s'échelonneront jusqu'à l'élection du président de la République (décembre 1894) pleines de surprises improvisées avec étude; l'indignation semble jouer un rôle secondaire.

De ces coalisés pour détruire qui ne sauraient rien « recoudre », il faut prendre la *contre-partie politique*, ne vouloir ni *dissolution ni revision* d'heure présente,

Ni les élections avant terme qu'ils voudraient.

La lutte à l'époque légale sera suffisamment ardue pour qu'on ne la hâte pas, contre ces possesseurs du ciel, de la terre et de l'argent, avec leurs réinvestis qui n'auront pas plus à compter qu'en 1889 avec des frais électoraux quelconques dans leur re-présentation gratuite.

Aussi est-il essentiel que la Concentration républicaine se fasse comme au 16 mai, comme en 1889

2. **M. Piou.** — Ce que nous espérons du suffrage universel c'est la fin de la concentration républicaine (*Journal Officiel*, 17 février 1893, p. 593, 2e col.)

englobant tout, du violent extrême au modéré extrême. Il y a même ennemi, un émiettement aurait encore plus de dangers qu'en 1885 :

Ce serait suicide de se diviser.

Le suffrage universel est simpliste, il faut lui poser des questions claires. Ce Pays ne voit pas la lutte entre républicains, du plus au moins, mais entre la réaction (monarchistes, boulangistes, antisémites, Panamistes) et la République. Il n'y a que les deux adversaires d'habitude, le duel connu entre recul et progrès, entre ceci et cela. Les électeurs l'ont compris, il y a déjà eu succès dans plusieurs élections récentes, par groupement raisonné.

On peut penser que les Droites ont commis une maladresse heureuse, en mêlant à l'opportunisme, leur cible classique, tous ceux qui ont fait des grandes égalités obligatoires blessant des privilégiés d'hier, l'école et le régiment obligatoires.

C'est rendre la Concentration républicaine obligatoire.

2° Une loi protectrice des actionnaires et obligataires

Beaucoup de propositions de loi : assurances contre les accidents du travail, retraites, bureaux de placement, caisses d'épargne, prestations, habitations, ouvrières, sont retardées aux dépens des ouvriers par le Panamisme actuel.

Mais une *Loi sur les sociétés par actions*, déjà votée par le Sénat, il y a 9 ans, empêchée par des remises peut-être dues à des remisiers semble s'imposer pour la protection du peuple actionnaire et obligataire. Le projet de loi républicain (9 titres, 112 articles) substitue le système préventif au système répressif de la loi spéciale du 24 juillet 1867 (5 titres et 67 articles). Son texte voté par le Sénat, le 28 novembre 1884, fut transmis à la Chambre, par le président actuel de la Commission d'enquête, M. Brisson, le 26 novembre 85 ; il fut nommé une commission, mais, en trois ans et demi de session de la 4e législature, cette commission n'a pas déposé de rapport.

D'autres projets dus à l'initiative de la Chambre (Antide Boyer, 5 juillet 1886 ; Thévenet, 28 janvier 88 ; Labrousse) ont été, les deux prèmiers honorés de rapports sommaires de la 19e Commission d'initiative ; le troisième renvoyé à la Commission des Sociétés par actions, n'a pas eu de rapport du tout.

Tous trois, en fin de session, sont tombés caducs (1).

Ils visaient des abus à répétition depuis 25 ans et qu'ont mis en èvidence les krachs de l'Union Générale, du Comptoir d'Escompte, des Comptes *courants* et du Panama : les assemblées générales, faites d'actionnaires figurants dits « soldats du cirque », les commissaires censeurs présentés, sous prétexte d'harmonie nécessaire, par le Conseil d'administration, qu'ils contrôlent, les bilans muets, les versements remplacés par des artifices de comptabilité, les mesures dilatoires et de découragements opposées aux actionnaires qui veulent *voir* les administrateurs décoratifs et conseillant un trop grand nombre de conseils d'administration, les sociétés exutoires (2), etc.

La loi votée par le Sénat, il y a 9 ans, et qui eût peut-être prévenu des irrégularités, exigeait l'homologation des statuts, le versement du quart en

1. Le renouvellement partiel ferait du travail utile de beaucoup de travail inutile et *fruit sec*. Projets de renouvellement partiel : Dupuy-Dutemps, 21 janvier 1886, Arène, Gaston Rivet, Boyer, 15 janvier 1888. M. Barodet vient de proposer, 11 février 1893, une commission de classement des propositions et de reprise des projets étudiés par les précédentes législatures.

2. Des administrateurs du Panama l'étaient aussi des Comptes courants, société-mère d'une société de travaux publics qui, pour cessation de ses travaux, a reçu une indemnité de 10 millions.

espèces des actions ni négociables, ni cessibles avant libération intégrale des actes d'apport, l'inscription sur la feuille de présence des actionnaires, nom, domicile et nombre d'actions (art. 7), la lecture du procès-verbal (qui doit être transcrit sur les livres de commerce en Allemagne, signé des actionnaires en Belgique), l'interdiction, pour tout membre du Conseil d'administration, d'avoir un intérêt dans les entreprises et marchés de la Société (art. 35) (2).

Le sujet est, certes, complexe. Nous avons lu la plupart des réponses faites par les Chambres de commerce, quelques-unes produisent des objections de poids : la crainte d'arrêter l'esprit d'association, de créer des administrateurs professionnels, variété de gérants de journaux ; mais la majorité est favorable (1). En présence de cet accueil, après les ruines désolantes de tant d'appauvris, il y aurait devoir à protéger, pour l'avenir hélas ! actionnaires et obligataires.

CHAPITRE XV

A tous les électeurs de 1893

1° Tuer l'Équivoque

Comme nous l'avons vu, il y a des présomptions sérieuses pour que le 16 mai, les élections de 1885, le Boulangisme, le Panamisme aient été dirigés par

1. Le ministre de l'Intérieur, par circulaire du 23 juillet 1885, demanda l'avis des Chambres et Tribunaux de commerce sur le projet du Sénat : Lyon, Marseille, Toulouse, Reims *contre*. Paris, Lille, Bordeaux, Brest, Le Mans, Abbeville, Chalons-sur-Saône, Avignon, Dijon, Clermont-Ferrand, Grenoble *pour*.

un même directeur spirituel occulte le cléricalisme. l'âme réactionnaire.

A la Chambre, des députés spéciaux défrayés par lui en 1889, surenchérissent sur tous les projets ouvriers, socialistes, agricoles, sur tout ce qui peut donner regain de rendement électoral, ils paraissent tendre non l'urne, mais une sébile aux votes de réélection.

Mais dès qu'il s'agit de suppression d'évêchés, de traitements, d'ambassade du Vatican ou de budget des cultes le mutisme de ces spécialistes du peuple devient subit. Ils ne paraissent pas complètement libres, en libre-pensée. De toutes les interpellations boulangistes, et Dieu sait s'ils en sont chiches, aucune n'a trait au clergé.

Ils votent bien.

Dans tous les collèges électoraux où les conservateurs joueront à un libéralisme députatif comme en 1885, où les boulangistes voudront joindre à la dérobée les mains inconscientes de l'ouvrier et du socialiste à celles parfaitement conscientes du moine, il serait utile que se présentent des républicains vrais avec un programme de Neutralité religieuse de l'Etat.

Ce serait mettre les candidats doubles dans une attitude simple.

Ou, dans les réunions publiques, professions de foi, affiches, devant le souverain électoral, le peuple, prendre des engagements nets et alors plus tard au Parlement voter contre la foi de ses professions de foi ou faux-fuyer difficilement devant des questions par oui ou non. En ce cas tous les ouvriers qui avec ces progressistes en tout genre, surenchérisseurs de tout, comme des Touchatout, ne se supposaient pas en cléricale compagnie, réfléchiraient.

Les investis n'auraient plus que leur clientèle sûre et due, les réactionnaires — des marquis à l'ouvrier de pèlerinage.

En ce temps d'équivoque, d'hypocrisie ambiante de désorientation trouble et d'hommes doubles, voilà la pierre de touche.

Ce serait tuer l'équivoque.

2° La Paix religieuse actuelle

La 3e République a suivi à l'égard du clergé deux politiques opposées : la première d'exécution des décrets et d'égalité devant la loi ; la deuxième plus habile, affirme-t-on, serre de près le Concordat, use l'ennemi en attendant que l'instruction des lycées de jeunes filles, les sciences physiques diffusées aient raison de la métaphysique.

On ne saurait dire laquelle de ces deux méthodes a le plus irrité. Il y a cependant quelques déductions à tirer des *faits*.

	Les élections de 1881, faites après l'exécution des décrets du 29 mars 1880, ont donné :		Celles de 1889 en paix religieuse (avec restriction mentale des deux parts).
Républicains	457	(Avant invalidations)	366
Réactionnaires	135	—	210 (1)

Du moins, cette paix dite habile a-t-elle déterminé quelque gratitude appréciable. Nous en trouvons le désaveu bien net dans les déclarations de nos Eminentissimes cardinaux. (Paris, Toulouse, Reims, Rennes et Lyon, 16 janvier 1892.)

Exposé de la situation faite à l'Eglise de France (Paris : à l'Union active des catholiques, rue de l'Université, 173) :

« La liberté des évêques amoindrie leurs démarches surveillées, les réductions budgétaires et suspensions de traitement sur texte tronqué et dénaturé

1. Les élections de 1885 ont dû leur succès réactionnaire relatif à ce que M. Allain-Targé, ministre de l'Intérieur, eut scrupule d'appuyer des républicains quand la Droite redoublait, comme elle le fera en 93, de Comité central, candidats et subsides officiels.

de l'article 16 du Concordat (1) la suppression par extinction du traitement des chanoines (22 mars 85), de l'aumônerie militaire, des bourses de séminaires, de la personnalité civile des diocèses.

« L'impôt de mainmorte de 1849 destiné à racheter la mutation absente, fait double emploi avec le droit d'accroissement (p. 7).

« La neutralité religieuse de l'école, comme si la neutralité en éducation était possible, comme si le silence sur Dieu n'était pas une manière de le nier (2).

« Le Cours d'histoire des religions pour propager le scepticisme, nos écoles libres ne trouvant plus personne pour les défendre dans le Conseil de l'Instruction publique d'où l'on a eu soin de bannir le représentants de la religion. Notre enseignement supérieur après quelques jours de liberté, découronné par la suppression du titre d'Université (3).

« Le divorce, l'exclusion des commissions hospitalières, des bureaux de bienfaisance (p. 10), les entraves apportées au libre fonctionnement des caisses de retraite pour le clergé, les difficultés croissantes pour les libéralités envers les établissements religieux.

« Le droit des maires sur les clefs des églises et des clochers (doléance que nous recommandons à tous les conseils municipaux de France). La sujétion des conseils de fabrique devant amener leur désagrégation par l'article de loi des finances; «Les

1. Depuis 1881 (12 ans) il n'y a eu que 1.217 suppressions de traitement. (*Journal Officiel*, 21 janvier 93.)

2. Nulle part la liberté religieuse n'est aussi absolue qu'aux Etats-Unis ; l'école est laïque, *unsectarian*. (V. *Etats-Unis contemporains*, par Claudiot Jannet, avec préface de M. le Play, 1876, p. 384.)

3. A Lille, les quatre facultés : droit, médecine, sciences et lettres ; les trois dernières seulement à Paris, Lyon et Angers. La Faculté de Toulouse a dû fermer faute d'élèves.

comptes du budget des fabriques doivent être soumis à toutes les règles de la comptabilité des établissements publics. »

Telles sont les plaintes de l'Union active des catholiques; seul est oublié l'enterrement civil que l'absence de prêtres rabaisse à un enfouissement.

Tous les Electeurs de 1893 peuvent conjecturer quel serait le premier soin d'une Chambre à majorité réactionnaire. Reprendre tout cela.

Ce document est officiel; d'autres, privés (bien que le clergé n'écrive guère qu'avec approbation) semblent regarder les concessions comme une reculade. « Depuis qu'ils ont tué à Châteauvillain les laïcisateurs n'ont plus fait d'expulsion à main armée; depuis que les religieuses de Saint-Charles les ont obligés à vendre un mobilier scolaire sur la place publique de Marboz ils se sont arrêtés dans les expéditions fiscales du droit d'accroissement (1). »

Sont-ils dupes du moins de la méthode dite historique « des éliminations successives » et qui ne fut guère employée par les décrets-lois de 1852.

Ces habiles ne voient-ils pas les habiletés d'une temporisation dont chaque jour est une pelletée de terre sur eux. « Reportons-nous à vingt ou trente ans d'ici, à 1920, par exemple, époque où si les lois scolaires et autres suivent leur cours les les églises seront à peu près vides. » (*Id.* p. 109.)

On voit que l'adversaire se refuse à ce qu'il appelle sans doute « la guillotine par persuasion » et qu'un certain nombre de républicains seuls croient à une paix de surface et à l'excellence des

1. *Le Concordat qu'on l'observe loyalement ou qu'on le dénonce*, par un laïc. Paris, Barral, 1891. Ce laïc, qui déplore que, depuis le Concordat de François Ier, on ne prenne plus d'évêques dans les monastères contrairement aux usages de la primitive Eglise et du moyen âge, paraît être un moine. Cependant la Revue des Pères de la Compagnie de Jésus, après avoir loué et annoncé l'ouvrage, l'attribue à une haute personnalité.

baisers-Lamourette épiscopaux. Ils sont dupes. L'avenir le fera voir.

Tous les contrats entre l'Église et l'État, les pragmatiques de saint Louis et de Charles VII, les Concordats de 1516 et de 1682 ont causé des litiges fréquents, mais le Concordat de 1801 plus qu'aucun autre.

Ce mariage de raison est discuté des deux parts sans s'entendre depuis 1821.

Les débats tout récents de 1893 sur le budget des Cultes entre MM. Dupuy-Dutemps, rapporteur, Piou de la droite et Dupuy, ministre des Cultes, mettent en relief d'*actualité* après les discussions de 1821, 31, 32, 48 et de tous les ans, depuis 1871, combien il y a désaccord de part et d'autre et **Concordat de discorde.**

3° *Synoptique du CONCORDAT DE DISCORDE*

(Messidor an IX ratifié par loi du 18 germinal an X)

M. Dupuy-Dutemps, *rapporteur du budget des Cultes.*	**M. Piou,** *de la Droite.*	**M. Dupuy,** *ministre des Cultes.*
1. Les articles *organiques* font partie intégrale du Concordat. Ils ne maintien-	1. Le Concordat ne consiste que dans le protocole et ses dix-sept articles. Les articles *organiques* (1) ont été rédigés par Napoléon	2. Le droit concordataire n'a pas été épuisé par l'acte de 1801. Il y a double investiture : la loi et la bulle. Tous les évê-

1. Déclaration des cardinaux du 16 janvier 1892 « On a ressuscité les *articles organiques* contre lesquels le Saint-Siège n'a pas cessé de protester (p. 10). Les catholiques ne prétendent nullement former un Etat dans l'Etat, mais ils n'admettent pas davantage que l'Eglise soit incorporée à la puissance séculière comme un des rouages de son administration (p. 12) une harmonie doit exister entre les deux pouvoirs (p. 14.) »

Pour M. Depasse au contraire : « Le Pape déclara qu'il respecterait les règlements de police que le gouvernement français jugerait utile d'ajouter au Concordat dans l'intérêt de la paix publique. » (*Le Cléricalisme*, Paris, Dreyfous, 1880, p. 253.)

nent que 10 archevêques, 50 évêques.

Il y en a aujourd'hui 17 et 67.

2. Le droit concordataire a été épuisé par le contrat de 1801. Tous les sièges au-dessus de 60 ont été créés par une loi de finance annulable par une autre loi de finances.

Sans doute, en 1821,1833 et 1835 le roi a été engagé à traiter avec le pape mais jamais on n'a osé présonter de projet au Parlement.

3. Les pensions ecclésiastiques de 1789 ne sont pas la restitution classique des biens du clergé.

Elles ont été créées dans un but de bienfaisance, étaient viagères, revenaient à l'Etat par extinction.

L'article 14 ne connaît que du traitement des évêques et des curés qui seront compris dans les circonscriptions nouvelles des diocèses.

Et l'article 15 établit que l'entretien des ministres et l'exercice du culte sont assurés par des fondations, dons et oblations. L'"article 73 stipule que ces fondations seront en rentes sur l'Etat ; ce n'est qu'en 1817 qu'on ajouta « en sans le concours et à l'insu du Pape et de ses mandataires, ils ne sont pas synallagmatiques.

C'est un règlement d'administration publique.

2. Le droit n'a pas été épuisé. Les évêchés ont été créés non en vertu de lois mais de *traités*, le pape a donné une bulle qui a été reçue enregistrée et publiée au *Bulletin des Lois*. La puissance civile a donné son adhésion par une loi, et de la rencontre de ces volontés est née la convention bi-latérale.

3. Les pensions sont une restitution des biens du clergé. Le Premier Consul crut d'abord que les 3 000 pensionnés suffiraient à l'exercice du culte ; il se trompait. En l'an XII 24.000 desservants, en 1806, 14.000 vicaires durent être subventionnés par les communes en vertu d'actes législatifs.

En 1831 MM. de Broglie et Casimir Périer. En 1833 et 1835 MM. de Vatismesnil et Dupin, se sont prononcés en faveur du clergé.

5. L'abrogation n'a eu lieu que sous forme de crédit. chés sont concordataires ou pas un.

Depuis la loi du 4 juillet 1821 30 évêchés ont été créés Alger, 1848 ; Laval, 1855 ; Oran et Constantine en 1866. Chaque fois une bulle les a consacrés au point de vue spirituel. »

Ces oscillations de gauche à droite qui demandent à un ministre de la science d'équilibre, se terminent par l'aveu qu'on conserve l'allocation des vicaires généraux pour avoir le droit d'*agrément*. C'est dire qu'on traite avec l'Eglise de pouvoir à pouvoir — non sans méfiance.

valeurs quelconques ».

Quant aux biens du clergé ils appartenaient au roi et sont revenus à l'Etat comme épaves et biens sans maîtres.

4. En 1831, MM. de Kératry, Mechin, Benjamin Constant, en 1833 MM. Odillon, Barot, Luneau et Gilon avec adoption de l'article 5 de la loi de finances du 28 juin 1833 se sont prononcés pour ma thèse.

5. C'est avec les pensions viagères éteintes de 1789 que la loi de 1821 a doté 18 nouveaux évêchés abrogés du reste par une autre loi de finances de 1833 (amendement Gilon.)

6. L'observation stricte du texte concordataire est de droit puisque, par la loi de finance de 1879 la Chambre a déjà réduits à 15 et 10.000 francs, chiffres du Concordat, le traitement des archevêques et évêques. Ce qui avait été demandé dès 1833 par M. Luneau.

Depuis ils ont toujours été votés même en 1848.

On a simplement alors engagé le gouvernement à traiter avec le Pape.

La loi de 1821 participe des principes mêmes du Concordat : c'est un *traité*.

6. C'est une atteinte au droit.

Ce Tableau synoptique qui ressort de la discussion d'hier du budget des cultes (art. 5 et 7, *J. Off.*, 22 janvier 1893) montre le peu de concorde du Concordat. Il s'en est dégagé en séance, deux conclusions vraies.

M. Dupuy-Dutemps, *gauche*. — Si, par impossible, la majorité était changée et qu'on pût obtenir des lois semblables à celles de 1821, on créerait 151 évêchés en France comme en 1789 (1).

Mgr d'Hulst, *droite*. — La neutralité religieuse absolue est incompatible avec l'existence même du Concordat. (*J. Off.*, 21 janvier, p. 143, 1re col.)

C'est exact. Le consul Napoléon Ier n'a voulu le Concordat que comme instrument de règne, il a donné rôle politique intentionnel au clergé. Cela tourna finalement contre lui parce qu'il ne vit pas le double objectif du cléricalisme : 1° l'assujettissement du pays à la monarchie; 2° l'assujettissement du monarque au Pape (2).

Il semble qu'une Neutralité religieuse réelle, sans passion, qui permettrait à bien des républicains d'entrer à l'église pour prières, cérémonies familiales ou publiques, sans l'apparence actuelle de manifestation anti-républicaine, vaut mieux que la paix religieuse dite habile.

Paix boiteuse et mal assise.

4° La Neutralité religieuse à faire

(ITALIE, ÉTATS-UNIS, SUISSE ET RÉPUBLIQUE MEXICAINE)

En Italie, les lois de 1866, 67 et 72 ont séparé l'Eglise de l'Etat, et atteint même avec un peu de du-

1. C'est peut-être un « chiffre de tribune » un peu élevé. Dubief dit 135. p. 48).

2. On comprend ces préférences monarchiques. « Avant 1789 les pairs du clergé avaient le pas sur les pairs laïques et marchaient immédiatement après les princes du sang ; les évêques présidaient et dominaient les assemblées provinciales. Exempt de service et charges de guerre même pour ses domestiques, ne payant que la contribution du vingtième, le clergé pesait durement sur l'agriculture par la dîme et par le casuel sur les classes pauvres. (Dubief, *Traité de l'administration des cultes*, Paris, 1892, tome I, page 16.)

Les électeurs de 1893 ont des intérêts-opposés.

reté la mainmorte. Il est vrai que, par l'oubli d'une loi, distinguant les associations des congrégations, ces biens se reconstituent peu à peu.

Au contraire, dans l'Illinois (loi du 12 avril 1872, art. 44 et 45), l'Etat de New-York (loi du 11 avril 1876), dans le canton de Neuchâtel, loi du 16 février 1876, enfin dans la République mexicaine (loi du 17 décembre 1874); les moyens d'acquérir spéciaux des congrégations ont été contenus dans une limite non étroite, mais rationnelle, et le but de neutralité atteint.

Sans entrer dans des détails que nous ne voulons pas irritants, il est permis de rappeler que les biens des congrégations s'accroissent dans le droit commun par un mode peu commun.

Des achats d'immeubles faits presque toujours à des veuves, ce qui peut sembler une donation déguisée et spoliation des héritiers naturels; des évictions peu équitables comme ces zélatrices de la Sainte-Eucharistie qui, ayant reçu dans leur ordre une demoiselle Herbert, avec apport d'un immeuble de 1.250.000 francs rue de Douai, exclurent cette femme comme folle, tout en gardant le douaire; comme aussi l'ordre des Pères du Sacrement qui accueille des membres laïques « pour atteindre sa fin avec plus force et de suavité. »

Il serait oiseux de multiplier ces exemples.

Une loi sur les associations et les congrégations, ces associations spéciales (1), est donc à faire comme préface. Elle est à l'étude depuis 1871 sous formes diverses (congrégations, associations, abro-

1. Entre les associations laïques et religieuses il y a même différence qu'entre les lycées et ces institutions ecclésiastiques qui, par le confessionnal et divers leviers, suivent leurs élèves « toute leur vie », procurent des mariages riches avec carrières facilitées.

C'est une source de ce *favoritisme* qui, dans tant d'administrations publiques : enseignement, finances, postes, guerre, marine, ministères, tue parfois le mérite.

gation du Concordat, séparation de l'Eglise et de l'Etat).

Projet Tolain adopté en première lecture dès 1871 ; proposition Ch. Boysset, en 1879, représentée en 1889, sous les deuxième et troisième législatures; projet de loi Dufaure en 1880, avec rapport en 1882, par M. Jules Simon, repoussé en 1883 par le Sénat; propositions Ballue, 15 novembre 1880; Gastineau, 6 décembre 1881 : Waldeck-Rousseau, 13 mai 1882; Jules Roche, 16 février 1882; Graux, 4 décembre 1882; proposition de résolution Henri de Lacretelle tendant à donner un caractère législatif au rapport du 2 mai 1882 de Paul Bert; projet de loi Planteau et Michelin, 17 décembre 1885; Yves Guyot, séparation facultative des Cultes et de l'Etat, 27 mai 1884; proposition René Laffon puis Marmonnier, 12 juillet 1888; projet de loi du gouvernement, session de 1892.

Sur ces 14 projets de loi deux seulement ont été discutés complètement ou en première lecture; trois n'ont été l'objet d'aucun rapport; huit ont été renvoyés à diverses Commissions : Commission du Concordat, Commission chargée d'étudier et de demander l'abrogation du Concordat, Commission du contrat d'association, etc. — Il n'a pas été statué.

Cette question de la Neutralité religieuse de l'Etat substituée à l'éternelle discussion du Concordat est donc à l'étude depuis vingt-deux années, et a été l'objet, de quatorze propositions de loi dont une de la Droite (G. Graux).

Il appartiendra aux électeurs et aux élus de la sixième législature de résoudre, ce problème résolu au Mexique.

Ce sera la *Consultation de* 1893.

La tolérance des libres-penseurs et des déistes, un peu dédaigneuse peut-être pour toutes les formes du culte, celle des indifférents, se manifesteront avec une humaine philosophie quand on ne verra plus dans l'homme qui se juge en communication spéciale avec Dieu, la névrose de politiquer, de s'enrichir, de publier des catéchismes électoraux, et de faire marcher la France.

Dans les 10.369 Pères jésuites ayant fait profession dans leurs 5 provinces du monde celle de faire marcher le globe. (1)

En même temps, les électeurs pourront être, par échelonnements successifs, dégrevés, et cela ne déplaît à aucun contribuable, de 44 millions annuels qui, sous le régime de « paix religieuse » actuelle, servent de trésor de guerre contre la République.

M. Dutemps a dit avec logique : « Il ne faut pas combler de nos faveurs des gens qui nous font la guerre politique depuis 1871. »

Et la sanction vraie du débat a été remarquablement formulée par le Ministre de l'Instruction publique et des Cultes. « Qu'il le veuille ou non, le rapport de M. Dutemps ne peut être qu'une préface de la question qui sera posée aux prochaines élections devant le pays.

« Voulez-vous la séparation ou le Concordat ? » (*J. Officiel*, 22 janvier 1893, p. 161, 2e col.)

1. *Le Clergé, la Politique et les Elections,* Instruction pastorale de l'évêque d'Angers sur les devoirs des chrétiens dans l'exercice du droit de suffrage. *Carême* de 1889.

Un curé badois au récent congrès de Mayence (1892) :

« L'origine de mes œuvres a été une simple association de chant, une *Cecilienverein.* J'ai ainsi établi mon influence sur mes paroissiens. Du *Cecilienverein* est né un double *Josephverein* qui unit en 2 groupes les hommes d'une part les femmes de l'autre, et assure la pratique religieuse. J'ai provoqué dans les 2 associations un mouvement en faveur d'une école catholique des sœurs. Quand viennent les élections le prêtre croirait trahir sa mission s'il n'éclairait pas son peuple. » (*Etudes religieuses*, par les Pères de la Compagnie de Jésus, décembre 1892, p. 539.)

CHAPITRE XVI

Des mœurs républicaines à faire. — Mœurs monarchiques en République

1° Trop d'or pour pas assez de pain

M. Goirand. — Le liquidateur du Panama a signé un peu irrégulièrement, comme on le disait tout à l'heure à la tribune, des *quitus* hâtifs.

M. Le Provost de Launay. — Il n'a pas oublié de se faire allouer par le tribunal 120.000 francs d'honoraires pour une année de fonctions. (*Mouvements divers.*) (1).

Ces 120.000 francs sont un peu « chiffres de tribune ». La première Chambre du tribunal civil, en acceptant la démission de M. Brunet, lui alloua pour solde de ses honoraires, *sur sa demande*, 54.500 francs qui, ajoutés à une somme de 45.500 francs déjà touchée par lui, font un total de 100.000 francs.

C'est un total élevé. Il le paraîtra surtout à l'ouvrier qui ne tire de ses bras, avec la journée de 12 heures, que « le pain » de la maisonnée, plus encore aux sans-travail qui ne « trouvent pas ».

D'autant que ces 100.000 francs ont été pris par feu l'ancien ministre des Cultes du 16 mai, sur ce qu'on appelle *l'actif*, les *restes* ce qui reviendrait aux ruinés, les contribuables, les électeurs.

Cette masse honnête des mains calleuses et de l'outil qui savent « ce que ça coûte à gagner ».

1. *Journal officiel*, 22 juin 1890, p. 1437 : « Ces quitus, signés dès octobre 89, n'ont été connus du public qu'un an et demi après, 30 avril 91. »

La somme paraît disproportionnée avec le travail, le service rendu, peut-être les capacités : On pourrait réduire ces bénéfices prélevés sur des ruines (1).

Des réductions dont nous ne faisons qu'indiquer quelques-unes sont peut-être aussi à faire sur les fêtes et le faste officiel, une haute-vie payée par le contribuable.

Même sur les ambassades à l'étranger. Comme pour le ministre des Etats-Unis, un monsieur en simple habit noir, derrière lequel est la France, paraîtra toujours quelqu'un, — sans décors.

Ce luxe de représentation fait d'impôts est de tradition royale; on peut en retrancher sous une République égalitaire. Le solide bon sens des électeurs le comprend, c'est de l'impôt superflu, diminutif quelquefois du pain si nécessaire des familles (2).

2° Plus d'égalité

Une impression dure d'inégalité sociale est la vue de financiers coupables ruineurs, non ruinés, puisqu'ils paient richement des avocats de grandes causes, toujours les mêmes, dont l'art ne va pas sans idéal de bénéfices. Ils plaident pour les grands dépouillement de petits, tandis que les dépouillés, qui n'ont pas l'argent des autres pour émouvoir ces poètes, qui n'ont plus même le leur, le *sou à sou* perdu, en sont réduits, pour la cause, juste à une lutte inégale et compromise.

Le code Napoléon Ier, sous son article premier : « Tous les Français sont égaux devant la loi, » a disposé une foule d'inégalités, incompétences et excep-

1. Un ministre touche 60.000 francs, un général de corps d'armée 30.000, un savant professeur de Faculté 15.000 à Paris, 10.000 fr. en province, M. Brouardel et même M. Pasteur sont certainement inférieurs à MM. M. M. et M.. à ce point de vue.

2. « La République étouffe dans l'arsenal de vieilles lois, d'usages et de traditions monarchiques. » (*Journal Officiel*, 18 février 1893, p. 580.)

tions; il joue l'égalité depuis un siècle. Des projets de loi déposés, des faits récents ont démasqué ces variétés de droits d'asile (1).

Un travail parlementaire pour l'égalité, si toutefois les interpellations le tolèrent, fera beaucoup pour la Chambre actuelle : la loi d'extension de compétence des juges de paix, déjà votée en première délibération; le projet de réforme des frais d'exécution des jugements qui ne sont, devant notaire, que de 12 0/0, tandis que pour le grand nombre, les petits, ils sont, par saisie, de 140 0/0; surtout la réforme du livre II du Code de procédure qui supprime, dans la plus large mesure, les formes et les lenteurs, tout cela est attendu.

M. Bourgeois, *Ministre de la Justice.* — La complication des lois et de la procédure légale est la principale source du mal.

M. Antoine Périer (*Savoie*). — Sans cette modification on n'obtiendra pas de résultats sérieux. (*Journal Officiel*, 26 janvier 1893, p. 223.)

Ce sont, en effet, ces retards, moyens dilatoires, incompétences, pourvois, remises qui font arriver par échelonnement à cette *impunité matérielle* qui est tout pour certains grands cœurs : la prescription.

Le solide bon sens des électeurs exige que la République et la Magistrature devancent les sommations de l'opinion; que la 1re ne s'aliène aucun de ses frères humbles, les petits, qui sont sa moelle même. Qu'elle ne diminue pas cet esprit d'épargne, ce bas de laine, 3e mamelle de notre France, l'encaisse du travail modeste destiné à de plus honnêtes besoins que ceux de ces financiers, dits pauvres, mariés à

1. M. Caillaux, ministre du 10 mai, ne put être poursuivi devant les tribunaux ordinaires, incompétents en matière administrative, ni devant la Cour des Comptes dont sont seuls justiciables les comptables des deniers publics, point ceux qui les ordonnancent. On l'abandonna.

des femmes qui font partager subitement une grande fortune subite à des infortunés subits.

Pour la Magistrature elle doit songer qu'aux Etats-Unis les juges sont élus depuis plus de 60 ans (1). Ce n'est pas la perfection certes qui la possède?

Cela est même apprécié peu favorablement par les jurisconsultes, mais cette pratique de durée chez un peuple de sens pratique, paraît avoir quelque poids de *fait*.

3° Plus de proportionnalité des peines

Actuellement, celui qui soustrait des millions à des milliers d'actionnaires prend le club-train, comme il sied au voyageur de marque; on va le photographier, l'interwierwer; il a sa page dans les journaux illustrés. Ce triste personnage, est un personnage. Parfois on le laisse chez lui dans son luxe insolvable, retardant, atermoyant, se faisant défendre comme on sait pour être condamné parfois à quelques semaines. On l'appelle monsieur, tandis que le nommé X qui a volé un porte-monnaie au lieu de milliers de portefeuilles, est prestement jeté au dépôt et condamné à des années.

Il paraît que c'est juste. Le voleur de billon est plus atteint que le voleur de millions.

Cependant, pour le miséreux plus que pour l'homme à pardessus de fourrure, il semble que l'enfance dans la rue, le dénuement, l'exemple, les faims terribles par les froids terribles, ont des droits moins totalement perdus à la pauvre pitié humaine. Mais c'est la loi. Quand on lit sur tout billet de banque « L'article 139 du Code pénal punit des travaux forcés à perpétuité celui qui aura contrefait ou falsifié un billet, ceux qui en auront fait usage ou l'auront introduit sur le territoire, » on trouve juste

1. Les 1res élections eurent lieu dans l'État du Mississipi en 1830.

cette proportionnalité sévère. En fait il y a raison d'État et de crédit public.

Ne peut-on dire que dans les 4 grands krachs qui se sont succédé depuis dix ans (Union Générale, Comptoir d'Escompte, Société des dépôts, Panama), il y a eu atteinte grave au Crédit public et même à la République contre laquelle on ameute les mécontents, les appauvris et les ruinés ?

Beaucoup de voix boulangistes viennent de là.

Peut-être même quelque honnête homme acculé à la faillite par le semeur de ruines s'est-il suicidé obscurément, honneur mort pour le déshonneur vivant d'autrui. Il est difficile de pondérer ici en quelle mesure, mais plus de proportionnalité, des peines semble désirée dans le Peuple.

4° Honnêteté et simplicité publiques

L'indemnité parlementaire, d'origine monarchique (1), bien que n'existant pas en Allemagne et en Italie, tend à se généraliser. Il y a pour cela de bonnes raisons. Elle n'en a pas moins créé, à un degré moins aigu qu'aux États-Unis, le politicien de métier le coureur de sièges ; on a vu, en 1889, de petits employés accepter avec un enthousiasme d'inespérée promotion, un boulangisme d'avancement et les *avances* de la Droite.

Rendus au pupitre de leur chère étude, ce seront des politiciens professionnels. On voit que l'argent

1. Date des Etats de Blois ; en 1789 elle fut votée sur la motion du duc de Liancourt, élu de la noblesse, fixée à 632 quintaux et 32 litres de blé (art. 68; constitution de l'an III) elle varia comme une mercuriale, moyenne, 760 francs par mois. Pour les membres du Corps législatif, consulaire, impérial et la Chambre des députés de 1814, l'indemnité fut de 10.000 francs. Abolie par la Restauration, elle ne reparaît qu'en 1848 : 25 francs par jour. Sous le second Empire : 12.000 francs par session ordinaire, 2.500 francs par mois de session extraordinaire ; sénateurs : 30.000 francs. La Constitution de 1871 s'en est tenue au chiffre plus modeste de 9.000 francs pour les deux Chambres.

politique même nécessaire peut gâter. A Paris ce danger est doublé par le coudoiement mondain et des sollicitations de haute-vie. Dans les couloirs on se chuchote qui a des dettes, fait la fête et dépenses folles. Les offreurs de corruption avaient, dit-on, une liste des obérés. En cas pareil, pour les notaires, il y a les avis discrets de la Chambre des notaires, pourquoi n'y aurait-il pas une Chambre des députés qui, avec tact et réserve préviendrait paternellement l'irréparable. Il y a au Palais Bourbon dans tous les partis des hommes de probité haute, d'âge et de mondanité autorisée qui suffiraient à la bienfaisance délicate de ce rôle.

Du reste le Parlement a déjà beaucoup fait pour l'honnêteté publique nécessaire aux Républiques par ses lois sur les incompatibilités (1) et les décorations parlementaires.

En 1860, sur 383 sénateurs ou députés du 2e Empire (v. *Annuaire impérial*), il n'y avait que 40 républicains ou légitimistes sans décorations et remarqués à côté de 156 chevaliers, 54 officiers, 30 commandeurs, 58 grands officiers et 45 grands-croix.

5° Il y a intérêt à être honnête

« Il ne faut pas beaucoup de probité pour qu'un Gouvernement monarchique ou despotique se maintienne, la force des lois, dans l'un, le bras du prince toujours levé, dans l'autre, règlent et contiennent tout, mais dans un Etat populaire, il faut un ressort de plus qui est la vertu. » (Montesquieu, *Esprit des Lois*, livre III, ch. IV, p. 19.)

1. Projet de Gasté et Viette, dès la deuxième législature 1877 et 1879.

Propositions de lois : J. Ferry, 12 novembre 83, adoptée le 5 août 85. Raspail, 21 juillet 81. Roques de Filhol, 30 janvier 82 et loi du 26 décembre 87. Antide Boyer, projet d'incompatibilité avec administrateurs de sociétés financières ou autres, 20 octobre 88. — Il n'a pas été statué.

C'est pour cela parce que la République sera honnête ou *ne sera pas* qu'il semble désirable de graver au-dessus des portes de toutes les écoles ce mot de Franklin : « Il y a intérêt à être honnête. » Non intérêt céleste, divin, métaphysique, mais ici-bas.

Sur la terre même.

Tout se sait. Le malheureux, auquel le courtier, l'agent provocateur de corruption peut-être (on le verra) fait croire à un secret et à une impunité possibles, *calcule aussi mal qu'il fait mal.*

Il serait bon que l'enfant — l'électeur de demain — en soit frappé.

Que son esprit simpliste, avec l'adage du *Bonhomme Richard*, s'assimile que l'habileté finale, le dernier mot, restent à la droiture.

Que la ligne droite est le plus court chemin de sa propre estime à celle d'autrui, en une géométrie morale aussi sûre que l'autre.

Pour la République, l'intérêt d'honnêteté est le même. Des défaillances, que le suffrage universel pardonnera peu, s'expliquent peut-être par ce fait, que si Rome est descendue de la République à l'Empire, la France, ce qui est plus ardu, remonte d'un Empire à la République.

Heureusement, notre Gouvernement, libre depuis 23 ans, peut montrer une armée forte, une France grande, ayant voix et alliances en Europe, la Patrie relevée. Aussi la victoire, quoique désespérément disputée comme une chance dernière (1) sera certaine si les **Électeurs de 1893** se concentrent pour cette **Défense républicaine** qui, au 16 mai et en 1889, a déjà donné à la plupart d'entre eux soldats du scrutin 2 triomphes historiques.

Pour ne laisser aucune prise à l'adversaire en

1. Partout des comités réactionnaires s'organisent avec listes propagande correspondances — et argent.

dehors des députés dont le talent et la probité supérieure s'imposent (et ils sont nombreux), éliminant tout ce qui est douteux en Boulangisme et honnêteté glissante les **Grands Électeurs de 1893** croiront peut-être devoir choisir pour leurs **Grandes Élections décisives** des hommes nouveaux à esprit de devoir strict et à probité connue de tous, n'ayant plus « d'histoires » dans l'Histoire.

Des républicains non d'affirmation, mais avec *faits* et états de services rendus à la République.

Des hommes nouveaux,

Des hommes *à passé et à maison de verre*,

Des Républicains.

IMP. NOIZETTE, 8, RUE CAMPAGNE-PREMIÈRE, PARIS

www.ingramcontent.com/pod-product-compliance
Lightning Source LLC
LaVergne TN
LVHW020412230826
846091LV00004B/1259

* 9 7 8 2 0 1 2 9 7 9 5 0 5 *